Edda Gutsche

Stadt der Magnolien

Spaziergänge durch Stettin

Bibliografische Information der Deutschen Nationalbibliothek
Die Deutsche Nationalbibliothek verzeichnet diese Publikation in der Deutschen Nationalbibliografie; detaillierte bibliografische Daten sind im Internet über www.dnb.de abrufbar.

IMPRESSUM:

Autorin: Edda Gutsche
Titel: Stadt der Magnolien – Spaziergänge durch Stettin

info@edition-pommern.de
www.edition-pommern.de

Einbandgestaltung: Kristian Salewski, Greifswald

ISBN: 978-3-939680-79-6
Gedruckt in Deutschland

gefördert durch:

Inhaltsverzeichnis

Exkurs in die Stadtgeschichte

Die Anfänge der Besiedlung Stettins gehen ins 8. Jahrhundert zurück. Im 9. Jahrhundert existierte hier eine Handwerkersiedlung, ein paar Jahrzehnte später kam eine slawische Burganlage hinzu. Seit dem 12. Jahrhundert sind die Geschicke Stettins mit den Greifen verbunden, der Dynastie der Herzöge von Pommern. Nach der 1243 erfolgten Verleihung der Stadtrechte entwickelte sich Stettin schnell zu einer blühenden Handwerks- und Handelsstadt. 1397 erhielt die Stadt das Münzrecht und trat der Hanse bei. 1478 wurde Stettin Hauptstadt des vereinigten Herzogtums Pommern. Die Dynastie der Greifen endete im Jahre 1637.
Von 1630 bis 1720 befand sich Stettin in schwedischen Händen, wurde Sitz der schwedischen Provinzialverwaltung und zu einer wichtigen Festung ausgebaut. Durch den Stockholmer Frieden von 1720 erwarb der preußische König Friedrich Wilhelm I. die kriegszerstörte Stadt und ließ sie wieder aufbauen. Wichtige Verwaltungseinrichtungen wurden angesiedelt, die Festung weiter ausgebaut und ein Infanterieregiment hierher verlegt. Französische Truppen nahmen während der napoleonischen Kriege die Festung Stettin kampflos ein und hielten sie bis 1813 besetzt.
Das 19. Jahrhundert brachte für die Stadt nicht nur einen gewaltigen Aufschwung in Seefahrt, Handel und Industrie, auch das kulturelle Leben blühte auf. Stettin verzeichnete einen immensen Zuwachs an Einwohnern und benötigte dringend Bauland. Der enge Festungsgürtel hemmte jedoch die weitere Entwicklung der Stadt. Erst nachdem die Festung 1875 geschleift wurde, konnten entsprechende Baupläne umgesetzt werden. Wohnviertel und neue Fabriken entstanden, und als im September 1898 der Freihafen eingeweiht wurde, war dies die erste und wichtigste Etappe auf dem Weg zur Modernisierung des Stettiner Hafens. Stettin wuchs

in Richtung Westen. James Hobrecht (1825-1902), der bereits in Berlin seine Fähigkeiten unter Beweis gestellt hatte, arbeitete den Stadtentwicklungsplan aus. Sein Nachfolger, der Stadtbaurat Konrad Kruhl (1833-1902), setzte die Planung fort. Als Ergebnis entstand in den Jahren 1882 bis 1910 die Neustadt (Nowe Miasto). Mietshäuser mit reich verzierten Fassaden im Stil des Historismus und der Sezession säumten die breiten Straßen, die in der äußeren Neustadt nach dem Vorbild der Pariser Boulevards angelegt worden waren.

Mit der Eingemeindung der Städte Altdamm (Dąbie) und Pölitz (Police) sowie drei Dutzend weiterer Gemeinden wurde Stettin 1939 mit 460 Quadratkilometern zur flächenmäßig drittgrößten Stadt Deutschlands. Während des Zweiten Weltkriegs wurde sie wegen ihrer umfangreichen Rüstungsindustrie zur Zielscheibe alliierter Bombenangriffe. Sowohl die Wirtschaft als auch der Hafen der Stadt waren in Hitlers Kriegsmaschinerie eingebunden. So sollte der Hafen mit riesigen Investitionen für den Warenumschlag aus den von Deutschland besetzten Gebieten Osteuropas ausgebaut werden. Die 1937 im heutigen Police gegründeten Hydrierwerke Pölitz AG waren im Zweiten Weltkrieg der größte Erzeuger von synthetischem Flugbenzin im Deutschen Reich. Deshalb wurden sie ab 1940 von der Royal Air Force und 1944 mehrfach von der 8th Air Force angegriffen und schwer zerstört. Viele Arbeitskräfte, größtenteils ausländische Zwangsarbeiter, Kriegsgefangene und Häftlinge aus dem KZ Stutthof-Außenlager Pölitz kamen dabei ums Leben. In Stettin selbst hinterließen die ersten Luftangriffe 1940 und 1942 keine bedeutenden Schäden. Erst 1943 und besonders im Januar und August 1944 wurden Industrie-, Hafen- und Verkehrsanlagen stark beschädigt, die Altstadt zu über 90 Prozent zerstört. Im März 1945 wurde die Stadt zur Festung erklärt, was jedoch die Eroberung durch die Rote Armee nicht verhinderte.

Über dem Haupteingang des Nationalmuseums an der ul. Staromłyńska prangt eine Kartusche mit dem pommerschen Wappen.

Als nach dem Ende des Zweiten Weltkriegs der genaue Grenzverlauf zwischen der Sowjetischen Besatzungszone Deutschlands und den östlich davon gelegenen deutschen Gebieten, die von nun an unter polnischer Verwaltung standen, eine Zeitlang unklar blieb, setzte die Rote Armee in Stettin zunächst eine deutsche Verwaltung ein. Am 5. Juli 1945 wurde die Stadt von der sowjetischen Kommandantur an Polen übergeben. Damit begann der komplette Austausch der Bevölkerung: parallel zur Vertreibung der deutschen Zivilbevölkerung wurden Polen angesiedelt, die vor allem aus den nun zur Sowjetunion gehörenden polnischen Ostgebieten stammten. – Gemäß der Verträge von Jalta und Potsdam war Polen um ein Drittel seines Territoriums nach Westen verschoben worden. Die in Trümmern liegende Stadt wurde von Polen wiederaufgebaut, erhielt ein neues Gesicht und einen neuen Namen – Szczecin.

Besonders bewegt waren die siebziger und achtziger Jahre des 20. Jahrhunderts. Es war die Zeit der Umbrüche. Der Lebensstandard im sozialistischen Polen sank, die nach dem Ende des Stalinismus erhofften Reformen blieben aus und zu allem Übel erhöhte die Regierung noch vor Weihnachten 1970 die Lebensmittelpreise. Daraufhin begann es in den polnischen Küstenstädten zu brodeln. In den größten Staatsbetrieben, den Werften, kam es zu Arbeitsniederlegungen. Streikkomitees wurden gegründet, die Gespräche mit der Regierung aufnehmen sollten. Doch die Regierung schien blind und taub. Im Dezember 1970 fand auch in der Stettiner Werft ein Massenprotest der Werftarbeiter statt, der mit Gewalt niedergeschlagen wurde und als „blutiger Dezember“ in die Geschichte einging. Die Ereignisse brannten sich in das Gedächtnis der Stettiner ein, die sich nach zweieinhalb Jahrzehnten Fremdseins nun endlich mit ihrer Stadt identifizierten.

Wegen des akuten Wohnungsmangels wurde in jenen Jahren viel gebaut. Östlich der Oder entstand ab 1974 die riesige Wohnsiedlung Słoneczne. In den siebziger Jahren wurde auch der Stettiner Hafen zu einem der größten Ostseehäfen ausgebaut. 1980 kam es an der polnischen Küste infolge wirtschaftlicher Schwierigkeiten abermals zu massiven Streiks. In Stettin wurden am 30. August 1980 die ersten der vier August-Vereinbarungen zwischen den Streikkomitees und der Regierung unterzeichnet, die die Streiks im Land beendeten. – Das Bild Lech Wałęsas mit dem überdimensionalen bunten Stift in der Hand ist vielen in Erinnerung geblieben. Die August-Vereinbarungen waren die ersten Abkommen, in denen die Regierung die Opposition legalisierte. All diese Ereignisse führten 1989 schließlich zum Ende der Volksrepublik Polen und zur Gründung der Dritten Polnischen Republik.

1985 wurde die Stettiner Universität gegründet, und nach 1989 kamen weitere öffentliche und private Bildungseinrichtungen hinzu. Neue Verkehrswege wurden angelegt, große Teile der Altbausubstanz saniert und nach der Aufnahme Polens in die Europäische Union (2004) die Zusammenarbeit mit den Nachbarländern Deutschland, Dänemark und Schweden im Rahmen der Euroregion Pomerania belebt. Die Stadt wächst weiter und entwickelt sich grenzüberschreitend zu einer deutsch-polnischen Metropolregion.

Stadt der Magnolien

Stettin, auf Polnisch Szczecin, ist eine Stadt der Gegensätze, eine Stadt voller Geheimnisse und Geschichten – polnischer und deutscher. Stettin, das ist Liebe auf den zweiten, vielleicht auch auf den dritten Blick. Die Stadt ist eine spröde Geliebte, die man sich erobern muss. Doch wer sich die Mühe macht, wird dafür reichlich belohnt.

Nach Stettin zu reisen ist einfach, vor allem wenn man aus Berlin oder Nordostdeutschland kommt. Die Hauptstadt der Wojewodschaft Westpommern (Pomorze Zachodnie) liegt nur sieben Kilometer von der deutsch-polnischen Grenze, 65 Kilometer von der Ostsee und 125 Kilometer von Berlin entfernt. Stettin ist auf dem Landweg mit Auto, Bus oder Bahn schnell erreichbar. Auf einer Flusskreuzfahrt oder mit dem eigenen Boot dauert es zwar länger, doch ist die Oderlandschaft um Stettin besonders reizvoll. Mit dem Flugzeug kann man die Stadt über den internationalen Flughafen Szczecin-Goleniów erreichen.

Mit ihren knapp 420 000 Einwohnern ist Stettin die siebtgrößte Stadt Polens. Sie bildet den Mittelpunkt des deutsch-polnischen Ballungsraums Stettin mit über 760 000 Einwohnern und ist in vier Stadtbezirke mit 37 Stadtteilen gegliedert. Stare Miasto (Altstadt), Nowe Miasto (Neustadt) und Centrum (Zentrum) gehören zum Stadtbezirk Śródmieście (Stadtmitte). Der nördliche Teil dieses Stadtbezirks grenzt an den größten städtischen Park, den Kasprowicz-Park. Zusammen mit einem Teil des Arkona-Waldparks (Las Arkoński, früher Eckerberger Wald) bildet er einen 97 Hektar großen Natur- und Landschaftskomplex (Zespół Parków Kasprowicza-Arkoński). Überhaupt ist Stettin eine grüne Stadt. Mit einer Gesamtfläche von 142 Hektar besteht sie zu einem Viertel aus Wasser- und zu mehr als 40 Prozent aus

Grünflächen. Schaut man auf die Landkarte, dann sieht es so aus, als würde die Oder mit ihren beiden Hauptarmen Odra Zachodnia (Westoder) und Odra Wschodnia (Ostoder) das innere Stadtgebiet umarmen. Parnica (Parnitz) und Duńczyca (Dunzig) sind die alten Querverbindungen. Dazwischen liegen zahlreiche Flussinseln. Nördlich der Innenstadt weitet sich die Oder zum Jezioro Dąbie (Dammscher See), einem Paradies für Wassersportler. In Stettin gibt es mehrere Marinas.

In der Stettiner Innenstadt stehen an fast jeder Kreuzung richtungsweisende Schilder, anhand derer man die einzelnen Sehenswürdigkeiten schnell findet. An historisch wichtigen Orten sind Informationstafeln aufgestellt. Für Touristen, die nur wenig Zeit haben und dennoch möglichst viel entdecken wollen, empfiehlt sich die Rote Besichtigungsroute. Sie ist etwa sieben Kilometer lang und hat 42 Stationen. Man folgt einfach der gestrichelten roten Linie auf dem Gehweg. Überall dort, wo es etwas Interessantes zu sehen gibt, wird in einem großen roten Kreis die Zahl der entsprechenden Station angegeben. Jede hat ihre eigene Informationstafel, die entweder direkt am Gebäude angebracht ist oder frei davor steht. Die Texte sind in polnischer, englischer und deutscher Sprache verfasst. In den Touristinformationen kann man Flyer mit dem genauen Routenverlauf erhalten.

Das Königstor oder Anklamer Tor ist eines der beiden erhalten gebliebenen Festungstore.

Die Rote Besichtigungsroute überschneidet sich zum Teil mit der Goldenen Route, die vom Schloss der Pommerschen Herzöge über den Grunwaldzki-Platz und die Jana-Pawła-II-Allee zum Kasprowicz-Park (Quistorp-Park) und weiter zum Las Arkoński und Głębokie-See (Glambecksee) führt, wo man im Freibad Tretboote und Kajaks mieten kann. Sie wird von 22 kleinen Schildern mit dem Stadtwappen markiert. An der Strecke wurden bequeme Radwege und Fahrradparkplätze angelegt. Relativ neu ist die touristische Route „Die rebellierende Stadt", die an die politischen Unruhen zur Zeit der Volksrepublik erinnert.
Eine Zukunftsvision ist das Projekt „Szczecin 2050 – Floating Gardens", das eine dynamische Entwicklung der Stadt unter Berücksichtigung ihres außergewöhnlichen Naturpotentials vorsieht: Stettin mit seinen Flussarmen und Inseln soll in den kommenden Jahrzehnten zu einer „schwimmenden Gartenstadt" ausgebaut werden, mit der Gegend um die Mitteloder als Zentrum. Realität sind schon lange die vielen Magnolien, die im Frühling überall blühen und zu einem Symbol der Stadt geworden sind. Sie hatten es schon den polnischen Neuankömmlingen angetan, denn in keiner anderen Stadt Polens gab es so viele wie in Stettin. Und es wurden immer mehr. Zurückzuführen ist dies unter anderem auf das Langzeitprojekt „Szczecińskie Magnolie" („Stettiner Magnolien"), das die Einwohner und Einwohnerinnen für die Umwelt und das öffentliche Grün sensibilisieren sollte. Auf öffentlichen Anlagen, auf besonderen Plätzen, auf den Freiflächen der Wohnungsbaugesellschaften und an den städtischen Badeanstalten wurden Magnolien angepflanzt. Höhepunkt der Kampagne war der Stettiner „Tag der Magnolien", der bis zum Jahr 2020 immer im Mai im Schwimmbad Arkońka als Outdoor-Veranstaltung mit Wettbewerb organisiert wurde. Was man gewinnen konnte? Natürlich Magnoliensetzlinge für den eigenen Garten!

Von der Neustadt in die Altstadt

Es war ein großer Tag, als fauchend und schnaubend der erste Dampfzug von Berlin nach Stettin fuhr. Stettiner und Berliner Kaufleute und Bankiers hatten unter dem Vorsitz des Stettiner Oberbürgermeisters Andreas Masche sieben Jahre zuvor das Berlin-Stettiner Eisenbahn-Comité gegründet. Ihr Ziel war es, eine Eisenbahn sowohl für den Personen- als auch für den Gütertransport von Berlin nach Stettin zu bauen. Die 135 Kilometer lange Eisenbahnstrecke einschließlich des Stettiner Kopfbahnhofs konnte am 15. August 1843 mit großem Pomp eröffnet werden. Im Zuge der Industrialisierung Stettins wurde das Streckennetz immer weiter ausgebaut. 1846 wurde die Strecke nach Stargard und 1848 die nach Posen (Poznań) in Betrieb genommen. Der Kopfbahnhof wurde 1868 zu einem Durchgangsbahnhof umgebaut und in Stettin Hauptbahnhof umbenannt. Gleichzeitig entstand auf dem Vorbruch (Wyspa Pucka) der Güterbahnhof Stettin Hafen mit einem Nebengleis zum Hafenbecken an der Parnitz (Parnica). 1925 wurde eine neue Bahnhofshalle mit Geschäften und Restaurants eröffnet. Die alten Gebäude wurden umgebaut, vereinheitlicht und verputzt. Während der alliierten Bombenangriffe im Zweiten Weltkrieg wurde der Bahnhof zerstört. Der Wiederaufbau brachte abermalige Veränderungen mit sich, unter anderem erhielt der Bahnhof ein Flachdach. 2007 wurde der Bahnhof von innen und außen gründlich überholt. Dabei fanden Bauarbeiter ein Fragment der wunderschönen Holzdecke aus dem 20. Jahrhundert. Es wurde restauriert und ist in einer Glasvitrine im nördlichen Teil des Bahnhofsgebäudes ausgestellt.

Wie in alten Zeiten reisen auch heute viele Stettin-Besucher mit der Bahn an und steigen am Stettiner Hauptbahnhof (Dworzec Główny) aus. Auf Gleis 1 erwartet sie auch schon der Eingang zu einer außergewöhnlichen Attraktion, den Unterirdischen Besichtigungsrouten Stettins (Podziemne Trasy Szczecina, ul. Krzystofa Kolumba 2). Sie befinden sich im ehemaligen Luftschutzraum Stettin Hbf.-Kirchplatz direkt unter dem Hauptbahnhof. Der Luftschutzraum wurde in den Kellern der Befestigungsanlagen aus dem 18. Jahrhundert errichtet. Er liegt etwa fünf Stockwerke unter der Erde, seine Wände aus Stahlbeton sind drei Meter dick und 2,80 Meter hoch. Von 3000 Quadratmetern Gesamtfläche sind 1900 Quadratmeter Nutzfläche, der längste Korridor misst 100 Meter. Bis zum Kriegsende diente der riesige Komplex dem Schutz der Stettiner Zivilbevölkerung. Bis zu 5000 Menschen auf einmal konnten hier während der Luftangriffe Unterschlupf finden. Die Treppe, die 16 Meter tief unter die Erde zum Schutzraum führt, wurde vom Bauunternehmen DYWIDAG (Dyckerhoff & Widmann) projektiert. Bei dieser Firma war seinerzeit der deutsche Bauingenieur Ulrich Finsterwalder (1897-1988) beschäftigt, der das Komitee für den Bau von Betonschiffen im Zweiten Weltkrieg leitete.

Die Bootskörper der Betonschiffe bestanden aus Leichtbeton in Schalenbauweise und konnten in Serie gefertigt werden. Einen Großteil davon stellte das Bauunternehmen DYWIDAG (Dyckerhoff & Widmann) in Zusammenarbeit mit verschiedenen Werften her. 1944 wurde das Stahlbetonschiff „Ulrich Finsterwalder" für den Transport von synthetischem Treibstoff aus Pölitz nach Swinemünde (Świnoujście) gebaut. Es gehörte zur Stettiner Lubberl & CO Reederei. Der 1945 bei einem Bombenangriff beschädigte Tanker wurde nach dem Krieg abgeschleppt und lief dabei am nördlichen Rand des Dąbie-Sees auf Grund. Das Schiffswrack sollte in ein Schwimmbad umgebaut werden, doch weder dieser noch andere Pläne wurden verwirklicht. Besucher kamen dennoch, sogar Konzerte fanden dort statt. Heute ist das unheimliche Schiffswrack ein Geheimtipp. Da es komplett aus Beton besteht, ist es noch weit davon entfernt, von Mutter Natur vollständig vereinnahmt zu werden.

In Zeiten des Kalten Krieges wurde der ehemalige LSR Stettin Hbf.-Kirchplatz zu einem Atombunker umgebaut. In seinen Räumen fanden Übungen des Zivilschutzes statt. Im Jahr 2006 pachteten Agnieszka Fader und der Journalist und Filmproduzent Andrzej Fader den Luftschutzraum und machten ihn für die Öffentlichkeit zugänglich. Beide haben sich schon immer für die Geschichte ihrer Stadt interessiert und sich auch beruflich damit beschäftigt. Ihr großartiges Bunker-Projekt wurde nicht nur von Ambition und Leidenschaft, sondern auch von einer gehörigen Dosis Idealismus getragen. Wie viele Besucher würden kommen, wie würden die Ausstellungen vom Publikum aufgenommen werden? Zum Zeitpunkt der Übernahme waren die Räume leer. Alle Exponate mussten von dem Ehepaar selbst besorgt, erworben oder auf Auktionen ersteigert werden. Es gab auch ein paar Spenden, und einiges wurde bei anderen Sammlern eingetauscht. Heute zeigen sie in ihrer Galerie Stettiner Untergrund zwei thematische Ausstellungen: „Zweiter Weltkrieg" und „Kalter Krieg" inklusive „Selfie mit der Geschichte". Beide können individuell besichtigt werden. Der ehemalige Luftschutzraum wird nicht nur von Touristen aus Polen und der ganzen Welt besucht, sondern auch von in- und ausländischen Fernsehteams (BBC, Channel 4, ZDF und Planet TV) sowie unabhängigen Film- und Fernsehproduzenten. Szenen aus dem Dokumentarfilm „The Great Escape to the North" („Wielka Ucieczka na Północ", „Die große Flucht nach Norden") von Andrzej Fader, der das Schicksal der Helden des Films „The Great Escape" (Deutscher Titel: „Gesprengte Ketten") von 1963 beleuchtet, wurden in den Untergrundwelten von Stettin gedreht.

Agnieszka Fader: „Das hier ist kein amüsantes Erlebnis, aber sehr emotional, da auch dieser Ort seinen genius loci hat. Mit diesem ‚Geist des Ortes' sollte man in Kontakt kommen, damit das Narrativ weder zu flach noch zu dramatisch ausfällt. Viele Künstler, die hier auftraten, sprachen über die Energie dieses Ortes als kreative Energie. Wir hatten Theateraufführungen, darunter ein Stück, das auf historischen Ereignissen beruhte, es gab Performances, Konzerte mit tibetischen Schalen, Opernarien, Lesungen von Gedichten, Foto- und Skulpturenausstellungen."

Nach dem Wiederauftauchen aus dem Stettiner Untergrund ist die erste Begegnung mit der Stadt eher ernüchternd. Die Gegend um den Hauptbahnhof, ehemals ein reges Geschäftsviertel, wurde im Zweiten Weltkrieg zerbombt. Gleich vor dem Bahnhof befindet sich eine Straßenbahnhaltestelle, dahinter ein Arm der Westoder. Man blickt auf ein paar Flussinseln mit Ruderklub, Industrie- und Gewerbebauten und stellt sich vor, wie es hier aussah, als die pommersche Provinzhauptstadt noch der Seehafen Berlins war. Die verfallenen Fabrikgebäude auf der Wyspa Jaskółcza (Rahmsinsel) sollen wieder hergerichtet werden, so dass das bereits touristisch angepriesene Stettiner Venedig tatsächlich ein sehenswerter und romantischer Ort wird. Die Aufräumarbeiten haben bereits begonnen.

Um den heutigen Hauptbahnhof herum entstand ab 1845 die Neustadt, die mit eigenen Befestigungsanlagen umgeben wurde. Dieser Stadtteil wurde entlang der Lindenstraße (ul. 3 Maja) angelegt und mit neuen Häusern bebaut. Zwischen Neustadt und Altstadt entstand der Rathausplatz, der sofort zum Aushängeschild Stettins wurde und es solange blieb, bis ihm die Hakenterrasse Anfang des 20. Jahrhunderts den Rang ablief. Der Rathausplatz, heute plac Tobrucki, liegt gleich neben dem Busbahnhof und ist als Grünanlage gestaltet. Ursprünglich war hier ein dendrologischer Garten mit wertvollen Gehölzen wie Chinesischen Blauglockenbäumen und

Osagedorn. Von den Bäumen aus der Vorkriegszeit sind nur noch einige wenige vorhanden. Am oberen Ende der weitläufigen Grünanlage befindet sich der sogenannte Manzelbrunnen. Diesen schmückte einst die Sedina, die auf vielen historischen Fotos und Postkarten abgebildet ist und von weitem aussah wie ein Engel mit ausgebreiteten Flügeln. Die auf einem Schiff stehende überlebensgroße Figur stützte sich mit der rechten Hand auf einen Anker und hielt mit der linken ein Segel. Beschützt von zwei nackten Schönheiten und begleitet vom Handelsgott Merkur, versinnbildlichte sie die aufstrebende Hafenstadt Stettin und wurde zu ihrem Symbol. Schöpfer der Skulptur war Professor Ludwig Manzel (1858-1936), der Entwurf für den Brunnen stammt von Otto Rieth (1858-1911). Bei seiner feierlichen Einweihung am 23. September 1898 war auch Kaiser Wilhelm II. anwesend, denn die Feier wurde mit der Eröffnung des Stettiner Freihafens zusammengelegt. Über das Verschwinden der Sedina gegen Ende des Zweiten Weltkriegs wurde viel spekuliert. Wie die Kriegschronik am 29. Juli 1942 informiert, wurde die Skulptur zusammen mit anderen Denkmälern demontiert und in die Lager- und Werkstatthallen in der Straße Am Lenzlager (ul. Zielonogórska) verbracht; ein Zeitzeuge will sie Ende Mai 1945 vor dem Roten Rathaus gesehen haben. Es gibt noch weitere Berichte, einer mysthischer als der andere, doch sämtliche Nachforschungen führten bislang zu keinem Ergebnis. 2004 gründete sich eine Initiative für die Restaurierung des Manzelbrunnens und die Wiedererrichtung der Sedina aus Spendenmitteln. Auf den Tagen des Meeres 2008 präsentierte die

Das Alte Rathaus am Rynek Sienny.

Vereinigung „Kaufleute für Stettin" („Kupcy dla Szczecina") ein zwei Meter hohes Modell der Skulptur. Obwohl viele Stettiner und Stettinerinnen meinen, mit der Sedina würde auch der Wohlstand in die Stadt zurückkehren, löst die geplante Statue noch immer heftige Kontroversen aus. Der Anker auf dem Denkmalsockel wird wohl auch weiterhin als Ersatz herhalten müssen.

Wie überall in der Innenstadt findet man auch am plac Tobrucki eine blaue gusseiserne Wasserpumpe. Diese Pumpen wurden in der zweiten Hälfte des 19. Jahrhunderts aufgestellt, um die Stadt im Notfall mit Wasser versorgen zu können. Im Zweiten Weltkrieg waren die guten alten Pumpen für viele die Rettung. Etwa 28 gibt es davon noch im Stadtgebiet. Die historischen Exemplare erkennt man an der Krone, dem Stadtwappen und dem Drachenkopf, aus dem das Wasser fließt.

Am plac Tobrucki steht etwas erhöht das Neue oder Rote Rathaus (Czerwony Ratusz), heute Sitz des Polnischen Seefahrtsamts für Binnenschifffahrt, das von 1875 bis 1879 im neugotischen Stil errichtet wurde. Sein Bau war notwendig geworden, weil das mittelalterliche Rathaus am Heumarkt den Ansprüchen der aufstrebenden Metropole längst nicht mehr gerecht wurde. Die Entwürfe für den Neubau stammen vom Stettiner Stadtbaurat Konrad Kruhl. Das Gebäude hat einen rechteckigen Grundriss, zwei Risalite an der Ecke jeder Fassade und einen Mittelrisalit an der Westseite. Geschmückt ist es mit Fialen, Friesen und Akanthen. Die allegorischen Figuren in den Pfeilernischen des Hauptportals stehen für Industrie, Ackerbau, Schifffahrtskunde und Wissenschaft. Sie muten an wie Heiligenfiguren an einer Kirche. Um das Rathaus herum führt eine repräsentative Treppenanlage, von der man über den Tobruk-Markt, den Busbahnhof, den Hauptbahnhof und die Oder blickt. Zwischen den Treppen verbirgt sich der Eingang zum Gewölbekeller des Rathauses, der derzeit vom Business Club Szczecin genutzt wird.

Die schönste Rathausfassade blickt auf den Tobruk-Platz mit dem Manzelbrunnen.

Auf dem hohen Steilhang an der ul. Rybacka (Magazinstraße) thront ein weißes Gebäude im Stil der deutschen Renaissance, das mit seinem 68 Meter hohen Turm sofort ins Auge fällt. Es wurde Anfang des 20. Jahrhunderts nach Plänen des Stadtbaurats Wilhelm Meyer-Schwartau als Stadthaus erbaut. Seit 1948 ist es Sitz der Medizinischen Hochschule, die 2010 den Namen Pomorski Uniwersytet Medyczny (Pommersche Medizinische Universität) erhielt. An der Fassade sind architektonische Details aus rotem Sandstein erhalten geblieben, im Inneren der Saal der ehemaligen Stadtsparkasse. Links durch die Rybacka gelangt man zur Pommerschen Bibliothek (Książnica Pomorska im. Stanisława Staszica, Podgórna 15/16). Das Gebäude wurde 1868 nach Plänen des Architekten M. Grüge als Stadtgymnasium errichtet. Die Vorderfront ist teils mit Backstein und teils mit Quaderputz gestaltet. Schön ist das gestaffelte halbrunde Eingangsportal. 1905 zog die Stadtbibliothek in das Gebäude ein, das in den Zwischenkriegsjahren um einen neuen Teil erweitert wurde. 1999 konnte an der Ecke der Podgórna und Rybacka das neue Bibliotheksgebäude eröffnet werden, das mit dem alten ein gelungenes Ganzes bildet. Der funktionale Neubau wurde vom Architektenkollektiv Zbigniew Paszkowski konzipiert. Hier befinden sich ein Informationszentrum, modern ausgestattete Lesesäle, Ausstellungsräume sowie das Hauptmagazin mit über 760 000 Büchern und mehr als 140 000 Zeitschriften. Die Spezialsammlungen der Bibliothek umfassen 380 000 Bände. Zu den musealen Sammlungen der Pommerschen Bibliothek gehören über 1800 alte Handschriften, deren älteste aus dem 14. Jahrhundert stammt. 80 Prozent der deutschen Buch- und Zeitschriftenbestände sind noch vorhanden. Im Literaturmuseum befinden sich originale Gemälde und Grafiken des Schriftstellers und Malers Stanisław Ignacy Witkiewicz sowie Skulpturen des neuromantischen Bildhauers Xawery Dunikowski. 1996 wurde eine Büste des Komponisten Carl Loewe in der Bibliothek aufgestellt.

Beeindruckend ist das Treppenhaus der Pommerschen Bibliothek.

Links neben dem alten Bibliotheksgebäude stand die Synagoge der jüdischen Gemeinde Stettin. Sie wurde in den 1870er Jahren im maurischen Stil erbaut und hatte 1650 Plätze. Während der Novemberprogrome 1938 steckten Nationalsozialisten das Gebäude in Brand. Die Mauern der abgebrannten Synagoge wurden noch im selben Monat gesprengt, die Reste später abgetragen. Heute erinnert eine Gedenktafel an ihre Vernichtung. Beachtenswert ist der eklektische rote Ziegelbau der ehemaligen Kaiserlichen Post an der ul. Dworcowa (Grüne Schanze), der ebenfalls in den 1870er Jahren nach Plänen des Architekten Carl Schwatlo (1831-1884) errichtet wurde. Seit der umfassenden Renovierung in den 1990ern kann man wieder die zweistöckige Halle mit den schlanken gusseisernen Säulen und dem Glasdach bewundern. Im Gebäude befindet sich das Postamt Nr. 2. Gleich am Beginn der ul. Świątego Duchu (Heiliggeiststraße) steht die 1776 errichtete Schneckentorkaserne. Wie der Name schon sagt befand sich hier das Schneckentor, das die Festung Stettin von Süden her schützte und das mittelalterliche Heiliggeisttor ersetzte. 1818 wurde die Kaserne völlig umgebaut. Das graue Gebäude ist heute Sitz einer Versicherungsgesellschaft. Unweit davon verbirgt sich in der ul. Podgórna (Rosengarten) das einzige erhaltene Fragment der mittelalterlichen Stadtmauer. Diese sicherte hier den Hang des Röddenbergs (Psia Góra), an welchem die südliche Kurtine der Wehrmauer zwischen dem Heiliggeisttor und dem

Schalterhalle des Postamts Nr. 2.

Passauer Tor verlief. Die Stadtbefestigungen bestanden erst aus Holz und Erde, später aus Stein- und Ziegelstrukturen. Die Errichtung von Stadtbefestigungsanlagen war in Stettin alles andere als einfach, denn durch die Lage der Stadt auf zwei Höhenebenen mussten die von der oberen zur unteren Ebene absteigenden Mauern am Rand der Schluchthänge entlanggeführt werden. Die mittelalterlichen Wehrmauern waren zweieinhalb Kilometer lang und hatten vier Tore, acht Pforten und fast 30 Türme. Hinzu kam noch ein doppelter Wallgraben. Am historischen Mauerfragment erinnert seit 1957 eine Gedenktafel an den polnischen Heerführer Stefan Czarniecki, der während des Schwedisch-Polnischen Krieges von 1655 bis 1660 in Pommern gegen die Schweden kämpfte und aufgrund seiner militärischen Erfolge zum polnischen Nationalhelden wurde.

In der Heiliggeiststraße wurde 1912 nach Plänen von Georg Vallentin das modernistische Gebäude der Transformatorenstation errichtet. Im polnischen Stettin befand sich hier eine elektrotechnische Genossenschaft, die in den 1980er Jahren ihren Betrieb einstellte. Von 2011 bis 2013 wurde das denkmalgeschützte Gebäude restauriert und in ein Zentrum für moderne Kunst umgewandelt. Mit einer Fläche von 336 Quadratmetern und einer 16 Meter hohen Haupthalle bietet es erstklassige Möglichkeiten, Kunst- sowie interdisziplinäre audiovisuelle Ausstellungsprojekte zu realisieren. Die Sankt-Johannes-Evangelist-Kirche auf der anderen Straßenseite war zusammen mit dem Franziskanerkloster eine Stiftung Herzog Barnims I. und bestand ursprünglich aus Holz. Im Zusammenhang mit dem Bau der Stadtmauer musste sie neu ausgerichtet werden. So entstand ab Anfang des 14. Jahrhunderts in mehreren Phasen die neue Kirche in den spartanischen Formen der Backsteingotik. Entsprechend der Bauvorschriften der Franziskaner besitzt sie keinen Glockenturm, sondern nur einen Dachreiter. Die dreischiffige Hallenkirche hat ein Sterngewölbe im Mittelschiff und Kreuzgewölbe in den Seitenschiffen. Im Innenraum, der durch seine schlichte Schönheit besticht, sind Fragmente von Wandmalereien aus dem 15. und 16. Jahrhundert erhalten. Die Kirche ist eine Station an der Europäischen Route der Backsteingotik, die auch durch Stettin verläuft.

Die Sankt-Johannes-Evangelist-Kirche ist eine Station auf der Europäischen Route der Backsteingotik.

Nachdem die Franziskaner 1525 Stettin verlassen mussten, wurden das Kloster in eine Erziehungsanstalt und die Kirche in ein evangelisches Gotteshaus umgewandelt. 1678 wurde das Kircheninnere renoviert und für die Nutzung durch die Stettiner Garnison hergerichtet. Diese hielt hier im Wechsel mit der deutsch-reformierten Gemeinde ihren Gottesdienst. Napoleons Truppen beschlagnahmten die Kirche und nutzten sie als Lagerraum, wobei die mittelalterliche Ausstattung zerstört wurde. Doch auch nach dem Abzug der Franzosen wagte sich keiner mehr hinein, denn es drohte Einsturzgefahr. Trotz der im 19. Jahrhundert erfolgten Reparaturen und Sicherungsmaßnahmen verfügte die Bauaufsicht 1899 über die Schließung der Kirche und dachte sogar über deren Abriss nach. Durch die Absenkung des Grundes hatte sich ein Pfeiler gefährlich geneigt. Schließlich wurde das Gebäude durch den Einsatz des Denkmalpflegers und Historikers Professor Hugo Lemcke (1835-1925) gerettet. In den Jahren 1929/30 konnte die Johanneskirche durch eine grundlegende Sanierung vor dem endgültigen Verfall bewahrt werden. Zur Sicherung wurde ein Eisenbetongerüst unter dem Fußboden eingebaut. In den 1950er Jahren erfolgten eine abermalige Renovierung sowie umfangreiche Konservierungsmaßnahmen. Anstelle der früheren Klausur errichtete der Pallottinerorden ein dreiflügeliges Gebäude mit Wohnungen, Pfarrhaus und Kapelle nach Plänen des Stettiner Stararchitekten Stanisław Latour (1927-2007). Der Orden verwaltet auch die Kirche, die leider nicht besichtigt werden kann.

Die ul. Świątego Duchu gehört bereits zum Stadtteil Stare Miasto, der historischen Altstadt. Hier befinden sich die meisten Sehenswürdigkeiten Stettins wie die Jakobikathedrale, das wieder aufgebaute Stettiner Schloss, die neue Philharmonie, die Hakenterrasse (Wały Chrobrego) sowie der Heumarkt (Rynek Sienny) mit dem mittelalterlichen Rathaus. Die Altstadt von Stettin lag in etwa zwischen dem Oderufer und der heutigen Dworcowa (Grüne Schanze), der aleja Niepodległości (Paradeplatz), dem plac Żołnierza Polskiego (Königsplatz) sowie der Schnellstraße Trasa Zamkowa im. Piotra Zaremby. Im Mittelalter trennte die heutige ul. Księdza Kardynała Stefana Wyszyńskiego (1945-1981 Wielka, früher Breite Straße) die bäuerliche von der Kaufmannssiedlung. Die jetzige Straßenführung stammt allerdings aus der Nachkriegszeit. An der West-Oder kreuzt die ul. Wyszyńskiego als Nationalstraße 10 die Uferstraße Nadbrzeżie Wieleckie und führt über die viel befahrene Lange Brücke (Most Długi) und die Oderinsel Łasztownia (Lastadie) in das Stadtgebiet östlich der Oder. Die erste Brücke über die West-Oder wurde hier im Jahr 1283 errichtet. Im Laufe der Jahrhunderte folgten mehrere Holzbrücken, die jeweils einen Durchlass für Schiffe hatten. 1903 wurde eine stählerne Zugbrücke in Betrieb genommen, die den Namen Hansabrücke erhielt und im April 1945 von der sich zurückziehenden Wehrmacht gesprengt wurde. Die heutige Brücke entstand 1959 nach einem Entwurf von Henryk Żółtawski.

Überquert man die ul. Wyszyńskiego und geht weiter geradeaus, befindet man sich auch schon in der wiederaufgebauten Altstadt. Das historische Stadtviertel, das mit seinen verwinkelten Bauten, schmalen Gassen und dunklen Hinterhöfen wie ein geheimnisvolles Labyrinth anmutete, ist während der alliierten Bombenangriffe für immer in Schutt und Asche versunken. Auch die Hafenatmosphäre ist verschwunden. Das alte Bollwerk, an dem früher die Dampfschiffe festmachten, ersetzt die mehrspurige Autostraße Nabrzeżie Wieleckie. Diese Verkehrsplanung geht auf den ersten polnischen Stadtpräsidenten Stettins, Piotr Zaremba (1910-1993), zurück. Selbst Stadtplaner und Architekt, hielt er nichts von einem originalgetreuen Wiederaufbau der zerstörten Stadt. 1946 legte er ein Konzept vor, das die Stadt nach Osten, also nach Warschau ausrichten sollte. Die „Arteria Nadodrzańska" („Oderarterie") sollte den Hauptbahnhof mit dem nördlich der Altstadt oberhalb der Hakenterrasse gelegenen Verwaltungszentrum verbinden und zugleich ein Zubringer für die Trasa Zamkowa (Schloss-Trasse) sein. Das Projekt wurde bis 1950 realisiert. Seit einiger Zeit besteht durch die Anlage des Piastenboulevards entlang der Oder wieder eine Verbindung zwischen Fluss und Altstadt. Aus ihren Trümmern wurden Ziegelsteine für die dem Erdboden gleichgemachte polnische Hauptstadt gewonnen. Warschau hat es Stettin wenig gedankt, denn die Mittel für den Wiederaufbau der in nebliger Ferne liegenden „deutschen" Stadt waren knapp bemessen. Auch wirtschaftlich wurde sie vernachlässigt. Erst in den 1990er Jahren begann man an der Ostseite des Rynek Sienny (Heumarkt) mit dem postmodernen Wiederaufbau der Unterstadt (Podzamcze). Die Grundlage hierfür bildeten alte Katasterkarten und die Fragmente erhaltener gotischer Kellerräume. Die Fassaden der Häuser 8 und 7 am Rynek Sienny, die vom Ende des 17. und Anfang des 18. Jahrhunderts stammten, wurden nach alter Ikonographie wiederhergestellt. Knallbunt und mit prächtigen

Barockgiebeln versehen, wirken sie wie eine Filmkulisse. Interessant ist auch das Gebäude Nr. 5, dessen Original um 1800 entstand und dem Berliner Bankier Abel gehörte. Hier befand sich eine

Die Fassaden der Häuser 8 und 7 am Rynek Sienny wurden nach alter Ikonographie wiederhergestellt.

der ersten Stettiner Banken. Auch beim Bau anderer Häuser hat man sich an historischen Vorbildern orientiert, wobei interessante architektonische Lösungen entstanden sind. In den letzten Jahren ist das Viertel gewachsen und wird in absehbarer Zeit fertig sein. Es ist klein, aber gemütlich. In den engen Gässchen und am Rynek Sienny findet man Bars und Restaurants, die zur wärmeren Jahreszeit ihre Tische und Stühle im Freien aufstellen und besonders an lauen Abenden gut besucht sind.

Mitten auf dem Rynek Sienny steht das Alte Rathaus. Insbesondere bei abendlicher Beleuchtung sieht es wie ein aus der Zeit gefallenes Kleinod. Im Gebäude befindet sich die Abteilung für Stadtgeschichte des Nationalmuseums (Muzeum Narodowe w

Szczecinie – Muzeum Historii Szczecina, ul. Księcia Mściwoja II 8). Zu sehen sind archäologische Funde, alte Urkunden, Fotografien vom Wiederaufbau der Altstadt sowie der mittelalterliche Schatz, der bei archäologischen Untersuchungen nahe der Sieben-Mäntel-Bastei ausgegraben wurde. Als Stettin 1243 die Stadtrechte erhielt, war die slawische Siedlung in der Oberstadt bereits verschwunden. Auf dem Marktplatz wurde das gotische Rathaus gebaut, das den Platz nunmehr in den südlichen Heumarkt und den nördlichen Neumarkt teilte. An diesen schlossen sich der Fischmarkt und der Krautmarkt an. Auf dem Neumarkt (Rynek Nowy) stand gleich neben dem Rathaus die Nikolaikirche, die dem Schutzpatron der Seefahrer und Kaufleute geweiht war und 1811 abbrannte. Das Gildehaus der Stettiner Kaufleute, das Seglerhaus, befand sich ganz in der Nähe in der Schuhstraße (Szewska). Um zu den Schiffsanlegern zu gelangen, musste man eines der sogenannten Wassertore passieren, denn im Mittelalter trennte eine Schutzmauer die Stadt von der Oder.

Das Alte Rathaus ist bereits der zweite Ziegelbau an dieser Stelle. Es wurde Mitte des 15. Jahrhunderts unter Leitung des Baumeisters Heinrich Brunsberg (1350-1435) im gotischen Stil mit reich verzierter Fassade errichtet. Im Dezember 1570 fand hier der Friedenskongress statt, der den sogenannten Dreikronen-krieg beendete. Während der brandenburgischen Belagerung 1677 wurde das Rathaus zerstört und danach im Barockstil wiederaufgebaut. Bis zur Einweihung des Neuen Rathauses blieb es Sitz der Stadtverwaltung. Nach den Zerstörungen des Zweiten Weltkriegs wurde es 1968 in den ursprünglich gotischen Formen wiedererrichtet, wobei auch die gotischen Schmuckelemente im Inneren sorgfältig restauriert wurden. Die Nordfassade zum Rynek Nowy erhielt einen vereinfacht rekonstruierten, durchbrochenen Schaugiebel, die Südseite mit der Gerichtslaube wurde barock gestaltet. Im Ratskeller wurde schon ab 1869 eine Weinstube mit

Restaurant betrieben. Heute ist ein Besuch des Ratskellers nicht nur wegen der erhalten gebliebenen Backsteingewölbe ein Erlebnis, denn hier schenkt die Familienbrauerei Wyszak ihr vortreffliches Bier aus, das man auch verkosten kann. Sie ist eine der zahlreichen privaten Mikrobrauereien, die sich in Stettin großer Beliebtheit erfreuen (ul. Księcia Mściwoja II 8). Der Eingang zum Restaurant befindet sich an der Ostseite des Gebäudes. An der Westseite steht der „Große Bogen" des in Stettin geborenen Bildhauers Bernhard Heiliger (1915-1995). Diese 1991 geschaffene Skulptur ist eine Dauerleihgabe der Bernhard-Heiliger-Stiftung Berlin an das Nationalmuseum Stettin.
Am Rynek Nowy geht die ul. Księcia Mściwoja II (Reifschläger-straße) in die kopfsteingepflasterte ul. Panieńska (1945-1955 ulica Syreny, früher Frauenstraße) über, die eine der längsten und wichtigsten Straßen des mittelalterlichen Stettins war. Sie wurde mit schmucken neuen Häusern bebaut, die der hanseatischen Architektur nachempfunden sind. Am Haus Nummer 13 erinnert eine Gedenktafel an das Geburtshaus des jüdischen Arztes und Schriftstellers Alfred Döblin (1878-1957), der mit seinem mehrfach verfilmten Erfolgsroman „Berlin Alexanderplatz“ in die Literaturgeschichte einging. Döblin selbst hat Stettin nie gemocht und später erzählt, dass er dort lediglich „vorgeboren" sei. Zu den bleibenden Eindrücken, die er als Kind dort erfahren hat, gehörte der ständige Streit zwischen seiner resoluten, der künstlerischen Feinsinnigkeit völlig abholden Mutter Sophie und seinem labilen Vater Max. Dieser besaß eine Zuschneidestube und entfloh, als Sohn Alfred neun Jahre alt war, mit einer jungen Schneidermamsell über Hamburg nach New York. Eine Folge davon war, das Alfred aus finanziellen Gründen die Friedrich-Wilhelm-Schule, ein Realgymnasium, verlassen musste. Noch im selben Jahr holte der wohlhabende Bruder der Mutter, Rudolf Freudenheim, die Familie nach Berlin...

Zwischen der ul. Środowa (Mittwochstraße) und der ul. Kłodna (Baumstraße) blicken die Hausfassaden der Panieńska auf eine Brache, denn hier sind die archäologischen Untersuchungen noch nicht abgeschlossen. Die ul. Kłodna wurde nach 2000 wiedererschaffen, die modernen Gebäude auf historischen Fundamenten errichtet. Gleich hinter ihnen steht die Jungfrauen- oder Sieben-Mäntel-Bastei (Baszta siedmiu płaszczy) aus dem 14. Jahrhundert. Sie ist der einzig erhaltene Wehrturm der mittelalterlichen Stadtmauer. Bis 1723 diente sie als Stadtgefängnis, im 19. Jahrhundert wurde sie zu Wohnzwecken umgebaut. Der Sage nach saß hier ein Schneidermeister ein, der für Herzog Bogislaw X. sieben Mäntel für dessen Wallfahrt ins Heilige Land fertigen sollte. Auf Drängen seiner Frau zweigte er jedoch von den edlen Stoffen allerhand ab und nähte ihr daraus Kleider. Die Unehrlichkeit des Schneiders wurde entdeckt, und er musste im Turmverließ dafür büßen.

Dort, wo die Straßen Panieńska, Rynek Nowy und Księcia Mściwoja II zusammentreffen, zweigt nach rechts die ul. Kurkowa (bis 1934 Schweizerhof, 1934-1945 Loitzenhof) ab und führt direkt auf ein spätgotisches, lachsfarbenes Gebäude zu. Es handelt sich um das Loitzenhaus (Kamienica Loitzów), das 1547 im Auftrag der Kaufmanns- und Bankiersfamilie Loitz errichtet wurde. Die durch den Getreide-, Herings- und Salzhandel reich gewordene Familie betrieb die größte Bank in Stettin und unterhielt Handelsniederlassungen in zahlreichen Städten Europas. Mitglieder der Familie hatten in der Stettiner Stadtverwaltung hohe Ämter inne. Als die großen Kredite an König Sigismund II. August von Polen und Kurfürst Joachim II. von Brandenburg nach deren Tod nicht zurückgezahlt wurden, brach 1572 das Loitzsche Handelsimperium zusammen. Dies brachte nicht nur die Stettiner Wirtschaft, sondern auch viele pommersche Gutsbesitzer in Schwierigkeiten. Als die Familie Loitz zahlungsunfähig war, suchte sie das Weite. Das Loitzenhaus ging in herzoglichen Besitz über und gelangte später in Privathand. Im 18. Jahrhundert gehörte es den aus der Schweiz stammenden Brüdern Dubendorf. Einer von ihnen war der Schöpfer der Wasserleitung, die den Roßmarktbrunnen speiste. Im 19. Jahrhundert wurde das Haus in Mietwohnungen aufgeteilt. Im Zweiten Weltkrieg brannte es aus und wurde 1955 wiederaufgebaut. Erhalten geblieben sind die mit Maßwerk verzierte Fassade sowie das Treppenhaus mit seinen schrägen Fenstern. Seit 1961 ist in dem Gebäude das Kunst-Gymnasium (Liceum Plastyczne w Szczecinie) untergebracht.

An einer kleinen Grünanlage namens skwer imienia Guido Recka vorbei geht es nun zur Jakobikathedrale (Bazylika archikatedralna św. Jakuba Apostoła), die seit 1971 neben dem Dom zu Cammin (Kamień Pomorski) eine der beiden Kathedralkirchen des Erzbistums Stettin-Cammin ist. 1983 erhob Papst Johannes Paul II. sie in den Rang einer Basilica minor (s. Tour 2). In unmittelbarer Nähe führt eine Fußgängerbrücke über die verkehrsreiche ul. Wyszyńskiego in die ul. Staromiejska (Papenstraße), durch die man wieder zur Medizinischen Universität, zum plac Tobrucki und zum Hauptbahnhof gelangt.

Das Loitzenhaus ist ein spätgotisches Baudenkmal.

Von der Jakobikathedrale zum Platz der Solidarität

Am früheren Jakobikirchhof steht die Jakobikathedrale, deren Turm ein guter Orientierungspunkt ist. Als sich auf dem Gebiet der Unterstadt (Podzamcze) Ende des 12. Jahrhunderts die ersten Deutschen ansiedelten, war unter ihnen auch der Bamberger Kaufmann Jakob Beringer, der der deutschen Gemeinde 1187 eine Kirche stiftete. Diese war der Vorgängerbau der heutigen Kathedrale, die vom 13. bis 15. Jahrhundert errichtet wurde. Einer der Baumeister war Heinrich Brunsberg, der als Architekt die mittelalterliche Backsteingotik in Nordostdeutschland maßgeblich mitgestaltet hat. Die Jakobikathedrale ist eine spätgotische Hallenkirche, deren Chor fast genauso groß wie das Langhaus ist. Anfangs hatte sie zwei Türme, erhielt jedoch in der zweiten Hälfte des 15. Jahrhunderts einen Mittelturm. Der gotische Turmhelm wurde bei der Belagerung Stettins im Jahre 1677 zerstört und erst Ende des 19. Jahrhunderts nach Plänen des Architekten Oskar Hossfeld wiedererrichtet. Seit dem Abbruch der Marienkirche im Jahr 1831 war die Jakobikirche die Hauptkirche der Stadt. Während des Zweiten Weltkriegs wurde sie von einer Bombe getroffen und stark zerstört. Chor und Turm blieben erhalten, letzterer jedoch ohne Helm. Nach 1945 ging

Sankt Jakobi wurde vom 13. bis zum 15. Jahrhundert im Stil der Backsteingotik erbaut.

die Ruine in den Besitz der polnischen katholischen Kirche über, die das Gotteshaus wieder aufbaute. Der Innenraum ist schlicht, 10 000 Menschen finden hier Platz. Zu den Ausstattungsstücken gehören ein Schreinaltar, ein Hochaltar, diverse Seitenaltäre, ein Taufbecken, eine Orgel mit 4743 Pfeifen sowie eine Skulptur des Kirchenpatrons Jakobus des Älteren. 2007 wurde bei Umbauarbeiten dem Kirchturm wieder ein Turmhelm aufgesetzt. Der 110,18 Meter hohe Turm hat eine Aussichtsplattform, die über zwei Fahrstühle erreichbar ist. Vor der Kathedrale hängt eine sechs Tonnen schwere Glocke, die 1882 gegossen wurde und zweihundert Jahre lang als verschollen galt. Sie wurde bei Restaurierungsarbeiten wiedergefunden (ul. Świętego Jakuba Apostoła 5).

Der zu Lebzeiten äußerst populäre Carl Loewe (1796-1869) war von 1820 bis 1866 Kantor und Organist an der Stettiner Jakobikirche. Seine musikalische Tätigkeit war darauf jedoch keineswegs beschränkt. Er unterrichtete am Marienstiftsgymnasium Musik, Griechisch, Geschichte und Naturwissenschaften, organisierte als städtischer Musikdirektor Konzerte und gründete den Pommerschen Chorverband. Desweiteren vertonte er die Gedichte seines Freundes Ludwig Giesebrechts, schuf Musik zu Werken Adam Mickiewiczs in der Übersetzung Carl von Blankensees und publizierte 1835 „Die Polnischen Balladen“. Auch eine Komposition für Freimaurer stammt aus seiner Feder, war er doch selbst Mitglied der in Stettin ansässigen St. Johannis-Loge Zu den drei Zirkeln. 1832 erhielt Loewe die philosophische Ehrendoktorwürde durch die Universität Greifswald. 1837 wurde er zum ordentlichen Mitglied der Königlichen Akademie der Künste in Berlin berufen. In den vierziger und fünfziger Jahren des 19. Jahrhunderts gastierte er als Tenor in ganz Deutschland sowie in Wien, London, Norwegen und Frankreich. Seine schillernde Karriere endete, als er 1864 einen Schlaganfall erlitt und auf

Verlangen des Stettiner Magistrats in den Ruhestand trat. Die letzten Lebensjahre verbrachte er bei seiner ältesten Tochter in Kiel, wo er auch begraben ist. In seinem Testament hatte er verfügt, dass sein Herz in der Stettiner Jakobikirche beigesetzt werden sollte. 2012 fanden Arbeiter die Urne, als sie mit Druckluft einen der Pfeiler reinigten. Sie wog 18 Kilogramm, war 42 Zentimeter hoch und hatte einen Durchmesser von 25 Zentimetern. Darin befand sich eine bleierne Kapsel von 10 Zentimeter Durchmesser mit einer Inschrift, und in dieser wohl das Herz.
Carl Loewe hat ein immenses Werk an Kompositionen hinterlassen: vierhundert Balladen, siebzehn Oratorien, sechs Opern, zwei Klavierkonzerte, zwei Sinfonien, Kantaten, Kammermusik, Klaviersonaten und die „Kleine Passionsmusik für Soli, Chor, Streicher und Orgel". Berühmt wurde er für seine Balladen. Diese besondere Form des Sologesangs hat er nicht nur als Komponist, sondern auch als Sänger bekannt gemacht. 1898 wurde neben der Jakobikirche feierlich das Carl-Loewe-Denkmal enthüllt – Freunde und Bewunderer in Stettin hatten dafür das Geld gesammelt. Der Entwurf stammte vom pommerschen Bildhauer Hans Weddo von Glümer. 1945 wurde das Denkmal zerstört und durch eine Marienstatue ersetzt. An einem der Kirchenpfeiler wurde anlässlich des 200. Geburtstags des Komponisten und Kantors eine Gedenktafel eingemauert.

Unweit der Jakobikathedrale befindet sich der plac Orła Białego (Roßmarkt). Die Grünanlage mit Bänken, Spielgeräten und einer Schaukel, die an zwei Miniatur-Hafenkränen hängt, wurde vor einiger Zeit revitalisiert. Ihren südlichen Teil schmückt eine Statue der Göttin Flora, die 1730 vom Barockbildhauer Johann Georg Glume nach einem Entwurf von Johann Konrad Koch geschaffen wurde. 1953 restauriert, fand sie nach einem langen Irrweg durch Stettin hier ihren Platz. Der

Roßmarkt war einmal der Hauptmarkt der mittelalterlichen Oberstadt, hier stand auch das Rathaus dieses Stadtteils.

Blick über den plac Orła Białego zur Jakobikathedrale.

Auf dem Platz befanden sich ein Göpelwerk, das von Pferden bewegt wurde, sowie eine Pferdetränke. Während des Dreißigjährigen Krieges und während der Einnahme Stettins durch preußische Truppen im Jahre 1713 nahm die Bebauung des Platzes erheblichen Schaden. Nachdem im Frieden von Stockholm 1720 die Angliederung Stettins und Pommerns an Preußen festgelegt worden war, verwandelte sich der Platz in den „Repräsentationssalon" der Provinzhauptstadt: Die Ruinen wurden abgetragen und mehrere Gebäude im Stil des Spätbarocks errichtet. König Friedrich Wilhelm I. ließ nach Plänen des Bildhauers Johann Friedrich Grael (1707-1740) den Roßmarktbrunnen errichten, der 1732 eingeweiht wurde. Er wurde durch eine Wasserleitung gespeist, die der Schweizer Abraham Dubendorf von den Warsower Höhen

(Wzgórze Warszewskie) hierher verlegt hatte. Da der Sandsteinbrunnen bereits im 19. Jahrhundert arg in Mitleidenschaft gezogen war, wurde er 1866 auf Initiative des Städteplaners James Hobrecht restauriert und an die städtischen Wasserleitungen angeschlossen. Das Wasser plätschert heute wieder aus dem Mund von vier Maskarons, die die vier Himmelsrichtungen symbolisieren, in Muschelschalen. Der den Brunnen krönende Adler symbolisierte einst die königliche Macht über Stettin und Pommern.

Der plac Orła Białego (Roßmarkt)
heißt auf Deutsch Platz des Weißen Adlers.

Der polnische Name plac Orła Białego heißt auf Deutsch Platz des Weißen Adlers. Der polnische weiße hat den preußischen schwarzen Wappenvogel abgelöst. Zu den bemerkenswerten Gebäuden am Platz zählt das Eckhaus an der ul. Grodzka, das sein spätbarockes

Aussehen bewahrt hat und einer Bank gehört. Das Haus nebenan wurde Anfang des 18. Jahrhunderts erbaut und 1863 mit einer Neurenaissance-Fassade versehen. Derzeit ist es ebenfalls Sitz einer Bank. Das Ionische Palais (Pałac Joński, plac Orła Białego 3) wurde in der ersten Hälfte des 18. Jahrhunderts errichtet und Anfang des 19. Jahrhunderts um ein Stockwerk erhöht. Gleichzeitig erhielt es seine klassizistische Fassade mit Pilastern in ionischer Ordnung, daher auch der Name des Gebäudes. Im Laufe der Zeit war es Sitz verschiedener Banken, nach dem Ersten Weltkrieg der Deutschen Bank. 1924 wurde es vergrößert. Unter anderem entstand an der Hofseite nach Entwürfen des Stettiner Architekten Friedrich Liebergesell eine verglaste Halle. Das Ionische Palais wurde im polnischen Stettin weiterhin als Bank genutzt, bis es im Dezember 2021 der Akademie der Künste übertragen wurde. Gleich daneben steht das Palais Unter dem Globus (Pałac pod Globusem, plac Orła Białego 2), bekannt auch als Grumbkow-Palais. Früher befand sich an seiner Stelle ein Barockpalais, das sich der Oberpräsident aller Provinzialbehörden der Provinz Pommern, Philipp Otto von Grumbkow (1684-1752), in den Jahren 1724 bis 1725 errichten ließ. Die Baupläne stammten von Andreas Schlüter (1664-1714). Das Gebäude hatte eine reichgegliederte Front mit breitem Mittelrisalit und innen ein prachtvolles Treppenhaus, von welchem man in die zahlreichen saalähnlichen Räume gelangte. Nach Grumbkow und der Gemahlin des späteren Herzogs Friedrich Eugen von Württemberg wohnte hier ab 1777 der Kommerzienrat Salingré. Im 19. Jahrhundert gehörte das prächtige Stadtpalais am Roßmarkt der später geadelten Familie Wietzlow, die es an die Preußische National-Versicherungsgesellschaft verkaufte. In deren Auftrag errichtete Franz Wichards von 1890 bis 1891 das neue Geschäftshaus in eklektischen Formen mit Elementen des Neubarocks. Die Monumentalfassade krönt ein Tympanon mit dem pommerschen Greif und den Symbolen von Handel und

Schifffahrt. Das Untergeschoss sowie das zweite Obergeschoss waren bewohnt, alle Räume hatten Warmwasserheizung. Den Zweiten Weltkrieg überstand das Gebäude unbeschadet. Heute hat hier die Stettiner Akademie der Künste ihren Sitz.

Das Palais Unter dem Globus ist auch als Grumbkow-Palais bekannt.

Am 25. Oktober 1759 wurde im Grumbkow-Palais die spätere russische Zarin Maria Fjodorowna geboren. Sophie Dorothee Auguste Luise Prinzessin von Württemberg war das vierte von zwölf Kindern und die älteste Tochter des späteren Herzogs Friedrich Eugen von Württemberg (1732-1791). Zum Zeitpunkt ihrer Geburt kämpfte ihr Vater als General im Siebenjährigen Krieg. Das Grumbkow-Palais war seiner Gemahlin Friederike Dorothea Sophia von Brandenburg-Schwedt (1736-1798) zur Verfügung gestellt worden. Als Sophie Dorothee 17 Jahre alt war, arrangierte Katharina die Große die Ehe mit ihrem Sohn, dem russischen

Großfürsten Paul (1754-1801), die am 27. September 1776 in Sankt Petersburg geschlossen wurde. Zarin Maria Fjodorowna brachte insgesamt vier Söhne und sechs Töchter zur Welt und rettete so die Romanow-Dynastie vor dem Aussterben. Im Gegensatz zu ihrer Schwiegermutter war sie vor allem Ehefrau und Mutter. Ihre Rolle als Zarin spielte sie dennoch ausgezeichnet – ohne Widerstand, ohne Ärger, ohne Skandale. Nach dem Tod des Zaren zog sie sich ins Winterpalais zurück. Auch noch als „Zarenmutter" übte sie am Hof großen Einfluss aus. Stets darum bemüht, den russischen Einfluss in Europa zu festigen, stand ihre Heiratspolitik der ihrer Schwiegermutter in nichts nach. Sie mischte sich nicht nur in das Privatleben ihrer Kinder ein, sondern auch in die Innen- und Außenpolitik ihres Sohnes Alexander I. und leitete bis an ihr Lebensende 40 Sozial- und Bildungseinrichtungen. Sie starb mit 69 Jahren in ihrem Lieblingsort Pawlowsk, der Sommerresidenz der russischen Zaren.

Die ul. Staromłyńska (Mühlenstraße, später Luisenstraße) war früher eine der elegantesten Straßen Stettins. An der Kreuzung dieser Straße und der ul. Łaziebna (Kleine Wollweberstraße) steht das klassizistische Velthusen-Palais (Pałac klasycystyczny/Pałac Velthusena), das sich der Stettiner Kaufmann Georg Christian Velthusen (1742-1803) vermutlich von Carl von Gontard (1731-1791) nach dem Vorbild des Mauritshuis in Den Haag errichten ließ. Velthusen, ein gebürtiger Wismarer mit niederländischen Wurzeln, hatte sich 1769 in Stettin niedergelassen. In seinem neuen Eckhaus richtete er einen Weinhandel ein und belieferte ganz Pommern, Nordpolen und die Niederlande mit Wein. Velthusen besaß auch Getreidespeicher und gründete eine Schnupftabakfabrik, eine Essigfabrik und eine Zuckerraffinerie. Zu Vermögen gekommen, ließ er an den Oderhängen in Stettin englische Gärten anlegen, die dann dem Eisenbahnbau weichen mussten. 1874 erwarb

Richard Wolkenhauer, Inhaber des Klavierbauunternehmens G. Wolkenhauer, das Gebäude. Bis 1920 wurden hier Klaviere gefertigt und verkauft. Von 1922 bis 1943 hatte die Pommersche Provinzbank in dem Palais ihren Sitz. Im Krieg zerstört und später wiederaufgebaut, beherbergt es seit 1963 die Feliks-Nowomiejski-Musikschule (Zespół Szkół Muzycznych im. Feliksa Nowowiejskiego). Die durch Pilaster geteilten Fassaden werden jeweils von einem Giebel verziert, auf denen Putti mit Weinlese und Weintransport beschäftigt sind. In den Fensterstürzen befanden sich bis zum Zweiten Weltkrieg Büsten von Philosophen, die durch die bedeutender Kom-ponisten ersetzt wurden. Das Velthusen-Palais steht seit 1954 unter Denkmalschutz und zählt zu den Sehenswürdigkeiten Stettins. Ganz in der Nähe befindet sich in der ul. Koński Kierat (Roßmarktstraße) 14 und 15 das ehemalige Städtische Bad, in das eine Kunstgalerie eingezogen ist. Das Bad verfügte über ein Schimmbad, Wannen und Duschen und war noch bis in die 1980er Jahre in Betrieb. Dann wurden beide Häuser saniert und für andere Zwecke genutzt.

Der Fassadenschmuck des Velthusen-Palais lässt eine Mischung von Barock und Klassizismus erkennen.

Das ehemalige Ständehaus (Altes Landeshaus) an der Ecke Staromłyńska/plac Żołnierza Polskiego war der Sitz der pommerschen Provinzialstände, diente aber auch dem König als Residenz, wenn dieser in Stettin weilte. Der Barockbau wurde in den Jahren 1726 bis 1728 nach Plänen von Gerhard Cornelius von Walrave errichtet, die Bildhauerarbeiten schuf der Königliche Hofbildhauer Bartolomé

Damart. Über dem Haupteingang an der ul. Staromłyńska prangt eine Kartusche mit dem pommerschen Wappen. Im Tympanon sieht man das königliche Wappen sowie die halb liegenden Allegorien der königlichen Tugenden Vernunft und Gerechtigkeit. In den 1880er Jahren wurde das Gebäude um den Südflügel mit dem Sitzungssaal erweitert. Ab Ende der 1920er Jahre war darin das Pommersche Landesmuseum untergebracht, nach dem Zweiten Weltkrieg das Museum für Westpommern. Derzeit befindet sich hier das Museum für Regionale Traditionen, eine Abteilung des Nationalmuseums. Zu den ständigen Ausstellungen gehören das Münzkabinett, eine Sammlung alten Silbers sowie „Pommerns goldenes Zeitalter. Kunst am Hofe der pommerschen Herzöge im 16. und 17. Jahrhundert" (Muzeum Narodowe w Szczecinie – Muzeum Tradycji Regionalnych, ul. Staromłyńska 27). Der gegenüberliegende Gebäudekomplex aus dem 18. Jahrhundert besteht aus zwei Häusern, die Ende des 19. Jahrhunderts nach Plänen des Bauinspektors Zeidler miteinander verbunden und vereinheitlicht wurden. Das Eckgebäude befand sich zuerst in Privatbesitz und war ab 1820 die Residenz des stellvertretenden Festungskommandeurs General von Block. Nach dem Umbau zog hier die Kommandantur ein. Das Frontgebäude diente von 1748 bis 1887 als Königliches Postamt und danach als Kaserne. Nach den Kriegszerstörungen wurde der gesamte Komplex wiederaufgebaut. Heute befinden sich im Ostflügel die Galerie zeitgenössischer Kunst des Nationalmuseums und im Westflügel das Kulturhaus 13 Musen (13 Muz).

Man steht nun auf dem weiträumigen plac Żołnierza Polskiego (Weißer Paradeplatz, später Königsplatz), der auf Deutsch Platz des Polnischen Soldaten heißt. Im Jahr 1725 angelegt, ist er einer der Hauptplätze Stettins. Um ihn herum entstanden im 18. und 19. Jahrhundert repräsentative Bauten. Viele Paraden und andere Feierlichkeiten wurden hier abgehalten. Auch ein Kaiser-Wilhelm-

Denkmal durfte nicht fehlen. Dort, wo die ul. Staromłyńska in den Platz einmündet, verläuft auf dessen breiten, von Bänken gesäumten Mittelstreifen die Blumenallee (Aleja Kwiatowa). Hier finden der Ostermarkt, kulinarische Wochen, das Oktoberfest mit einem reichhaltigen Angebot an regionalen Bierspezialitäten und andere Volksveranstaltungen statt. Am westlichen Ende der Blumenallee befindet sich in einem gläsernen Pavillon eine Touristinformation (Centrum Informacji Turystyczny, pl. Żołnierza Polskiego 20). Den östlichen Abschluss des plac Żołnierza Polskiego markiert eine riesige Sonnenuhr. Schräg gegenüber steht das Königstor (Brama Królewska), eigentlich Anklamer Tor. Es ist eines der beiden erhalten gebliebenen Festungstore und gilt als schönstes in Pommern. Ebenso wie die gesamten preußischen Befestigungsanlagen der Stadt wurde es von Gerhard Cornelius von Walrave entworfen, die Steinmetzarbeiten in Form von Mars, Herkules und Kriegstrophäen stammen von Bartolomé Damart. Als die Stettiner Festung 1877 geschleift wurde, setzte sich Hugo Lemcke für den Erhalt des Tores ein. Im Zweiten Weltkrieg wurden die reich geschmückten steinernen Giebel beider Festungstore abmontiert und im Eckerberger Wald (Las Arkoński) versteckt. Nach dem Krieg richteten polnische Restauratoren die Tore vorbildlich wieder her. Im Königstor befindet sich eines der beiden Stettiner Schokoladencafés des renommierten Warschauer Schokoladenherstellers E. Wedel (Pijalnia Czekolady E. Wedel/ Chocolate Cafe E. Wedel Szczecin, plac Hołdu Pruskiego 1). Die Marke Wedel existiert seit 1851 und ist seit dieser Zeit in Polen führend. Liebhaber von Trinkschokolade werden begeistert sein.

Vom Königstor sind es nur ein paar Schritte zum plac Solidarności, auf Deutsch Platz der Solidarität. An der ul. Małopolska 48 (Augustastraße), die den Platz nach Norden hin begrenzt, steht seit 2014 das futuristische Gebäude der Mieczysław-Karłowicz-Philharmonie der katalanischen Architekten Fabrizio Barozzi und Alberto Veiga. In seinem Umfeld wirkt es etwas fremd und gefällt nicht allen. So hat es auch einige Verwunderung ausgelöst, als die Philharmonie im Jahr nach ihrer Eröffnung den Mies-van-der-Rohe-Award der Europäischen Union für zeitgenössische Architektur erhielt. Die zergliederte Fassade erinnert an hohe, schmale Patrizierhäuser. Sie wirkt kalt und steril und doch geheimnisvoll, besonders am Abend, wenn sie in verschiedenen Farben illuminiert wird. Man glaubt, vor dem Eispalast der Schneekönigin zu stehen. Märchenhaft erscheinen auch der Sonnensaal, dessen Wände mit Blattgold verkleidet sind sowie der silberne Mondsaal. Die Akkustik der Konzertsäle ist ausgezeichnet.

Blick auf die neue Philharmonie. Im Hintergrund das Pazim-Hochhaus.

Das neugotische Gebäude neben der Philharmonie wurde von 1902 bis 1905 vom Stadtbaurat Rösener errichtet und ist Sitz der Wojewodschaftskommandantur der Polizei.

Auf dem plac Solidarności, der seit 1990 seinen Namen trägt, ragt der Mast eines polnischen Segelschulschiffs empor. Unweit davon steht der Engel der Freiheit. Die elf Meter hohe Bronzestatue erinnert an die Arbeiteraufstände der 1970er und 1980er Jahre. Mehr über diese Ereignisse erfährt man im Dialogzentrum Umbrüche, dessen Räume sich direkt unter dem Platz der Solidarität befinden (Muzeum Narodowe w Szczecinie - Centrum Dialogu Przełomy, pl. Solodarności 1). Das Museum dokumentiert Stettins jüngste Geschichte: den Bevölkerungsaustausch nach Ende des Zweiten Weltkriegs, den Kampf der „Solidarność", das Ende der Volksrepublik. Anlässlich des 40. Jahrestags der August-Vereinbarungen malte Marcin Papis „Krasa" das Wandbild Solidarności auf das gewellte Dach des Dialogzentrums. Hier beginnt auch die Route „Die rebellierende Stadt" mit dreisprachigen Informationstafeln an relevanten Orten. An der Ecke ul. Tadeusza Mazowieckiego/ plac Żołnierza Polskiego steht die gotische Sankt-Peter-und-Paul-Kirche (Kościół św. Piotra i Pawła), die als älteste Kirche Stettins und des christlichen Pommerns gilt. Ihr Vorgänger war eine Holzkirche, die Bischof Otto von Bamberg (um 1060-1139) anlässlich seiner Missionsreise im Jahre 1124 an dieser Stelle erbauen ließ. Den Auftrag zu dieser Reise hatte ihm der polnische Herzog Bolesław III. Schiefmund erteilt, der nach der Unterwerfung der heidnischen Pommern sehr an der Christianisierung des Landes interessiert war. Otto von Bamberg reiste 1128 noch einmal nach Pommern, führte Massentaufen durch und zerstörte die Tempel der slawischen Götzen. Noch heute wird er insbe-

Die Sankt-Peter-und-Paul-Kirche.

sondere in Polen als Apostel der Pommern verehrt. Die kleine Kirche, die an ihn erinnert, stand anfangs außerhalb der mittelalterlichen Stadtmauern und befand sich erst ab dem 17. Jahrhundert innerhalb der Befestigungsanlagen. Sie diente vor allem der slawischen Bevölkerung der Vorstädte, die sich zu großen Teilen vom Fischfang ernährte. Die dreischiffige Backsteinkirche wurde von 1425 bis 1440 nach Plänen von Heinrich Brunsberg errichtet und 1460 nach Westen verlängert. Als im August 1677 die Marienkirche brannte, fing auch das Dach der Sankt-Peter-und-Paul-Kirche Feuer. Im Herbst desselben Jahres stürzte die Fassade ein und zerstörte dabei die Pfeiler und Gewölbe. Mit dem Wiederaufbau wurde sofort begonnen. 1702 erhielt der nunmehr einschiffige Kirchenraum durch den Zimmermann Johannes Kämmerling ein barockes Holzgewölbe (Pseudogewölbe). Im Jahr darauf schuf Philipp Ernst Eichner die Deckenmalerei, die in drei Szenen die Apokalypse des Johannes zeigt. Unter der napoleonischen Besatzung diente die Kirche als Heumagazin. 1817 wurde sie restauriert und Anfang des 20. Jahrhunderts im neugotischen Stil verändert. Den Zweiten Weltkrieg hat sie weitestgehend unbeschadet überstanden, doch verschwand ein Teil der Innenausstattung. In den sechziger Jahren wurde die Kirche gründlich renoviert, wobei man die noch verbliebenen neugotischen Elemente entfernte. Beeindruckend im Inneren ist nach wie vor die 27 mal drei Meter messende Polychromie. An den Außenwänden der Kirche sind die Terrakottaköpfe Stettiner Bürger beachtenswert.

Auf der gegenüberliegenden Seite des Platzes sieht man die denkmalgeschützten Professorenhäuser (Domki profesorskie), die ebenfalls den Zweiten Weltkrieg fast unversehrt überstanden haben. Sie wurden für die Kanoniker des Kollegiatskapitulars von Sankt Marien gebaut. Nach der Reformation wohnten hier die Professoren des Herzoglichen Paedagogiums, aus dem wiederum das Marienstiftsgymnasium hervorgegangen ist.

Ursprünglich verlief hinter den Häusern die Stadtmauer, so dass ihre Fassaden auf die Kirche ausgerichtet waren. 1739 wurden sie im klassizistischen Stil umgebaut, ihre Frontfassaden zierten nunmehr die Rückseite. Ende des 18. Jahrhunderts wandelte man die Professorenhäuser in ein Garnisionsspital um, später in ein Arsenal. Seit den Zwischenkriegsjahren sind sie bewohnt. In einigen Kellern sind noch die gotischen Kreuzgewölbe aus dem 15. Jahrhundert erhalten.

Zurück in Richtung Jakobikathedrale geht man durch die ul. Farna (Große Domstraße). Am plac Mariacki (Marienplatz) sieht man das Alte Marienstiftsgymnasium. Es wurde von 1830 bis 1832 anstelle der 1789 durch Blitzeinschlag zerstörten Marienkirche im klassizistischen Stil errichtet. Das Gebäude wird auch heute als Schule genutzt. An der Hauswand ul. Farna 1 erinnert eine Gedenktafel an das Geburtshaus der späteren russischen Zarin Katharina II., das während der allierten Bombenangriffe auf Stettin zerstört wurde. Die Zarin kam hier am 2. Mai 1729 als Prinzessin Sophie Friederike Auguste auf die Welt. Sie war die Tochter des Fürsten Christian August von Anhalt-Zerbst (1690-1747), der vom General der Infanterie zum Generalfeldmarschall und Gouverneur von Stettin avancierte und somit berechtigt war, auf dem Stettiner Schloss zu residieren. Katharina II. schrieb darüber in ihren Memoiren: „Ich wohnte im dritten Stockwerk des Schlosses im linken Flügel, wenn man in den Hof tritt; mein Zimmer lag gerade neben der Kirche, an der steinernen Geheimtreppe. Sehr oft hörte man abends und nachts in der Kirche die Orgel spielen, ohne daß man wußte, wie das kam; es wurden sogar Nachforschungen angestellt, um es zu erfahren. Die Sache setzte alle Bewohner des Schlosses sehr in Schrecken; ich für meinen Teil glaube, es waren die Bedienten meines Vaters, unter denen es wohl Leute gab, die zu solchen Scherzen fähig waren." 1742 zog die Familie nach Zerbst, wo Christian August die Regierungsgeschäfte übernahm. Katharina sah Stettin nie wieder und hatte wohl auch keine Sehnsucht danach. Sie wurde 67 Jahre alt.

Die ul. Farna führt in ihrer gesamten Länge durch die historische Oberstadt, die während des Zweiten Weltkriegs fast völlig zerstört wurde. Heute ist sie von der Architektur der Nachkriegsmoderne geprägt: Man baute „sozialistisch", wollte weg von der engen, düsteren Blockbebauung, hin zu Licht und Luft. Dem entsprechend wurden die Freiflächen zwischen den drei- bis fünfstöckigen Häusern als Grünanlagen und Spielplätze gestaltet. Dass Stettin eine deutsche Stadt war, gab umsomehr den Anlass für diese Art des Wiederaufbaus. Nicht nur sozialistisch, vor allem auch polnisch sollte sie sein, eine Stadt, mit der sich die neuen polnischen Einwohner identifizieren konnten. Inzwischen strahlen die meisten Nachkriegsbauten in frischen Farben, das Grün ist gewachsen und die Hektik der Großstadt scheint weit entfernt zu sein. Biegt man von der ul. Farna in die ul. Kuśnierska ein, gelangt man zum Schloss der Pommerschen Herzöge.

Das Alte Marienstiftsgymnasium wird noch immer als Schule genutzt.

Das Schloss der Pommerschen Herzöge

Zum Schloss der Pommerschen Herzöge (Zamek Książąt Pomorskich), das hoch über der Altstadt auf einer Anhöhe thront, führen mehrere Wege. Geht man vom plac Żołnierza Polskiego durch die ulica Kosarzy (Große Ritterstraße), erblickt man kurz vor dem Schloss das Denkmal für Herzog Bogislaw X. und Anna Jagiellonka. Es wurde von Leonia Chmielnik und Anna Paszkiewicz aus Sandstein geschaffen und 1974 aufgestellt. Ein Zugang zum Schlossareal befindet sich in der ul. Rycerska (Kleine Ritterstraße). Er führt in den Münzhof, von dem man in den großen Schlosshof gelangt. An der Rycerska steht noch der Herzogliche Reitstall, der Anfang des 17. Jahrhunderts errichtet wurde. Im unteren gemauerten Stockwerk befanden sich die Ställe und die Reitbahn. Im Obergeschoss, das in Fachwerkbauweise errichtet wurde, lagerte das Pferdefutter. Mit Hilfe eines Schwenkkrans an der Giebelseite des Gebäudes zog man das Futter hinauf. Sowohl der Kran als auch das schmucke Renaissance-Portal sind erhalten geblieben. Letzteres wurde wahrscheinlich 1736 vom Schloss hierher versetzt. Heute gehört das Gebäude der Universität. Die Rycerska mündet in die ul. Kuśnierska (Pelzerstraße), die direkt am Schloss in die Unterstadt führt und in diesem Abschnitt die wohl romantischste Straße Stettins ist.

An der ul. Rycerska steht der Herzogliche Reitstall.

Die Häuser in der Kuśnierska 11, 12, 12a und 12b waren ursprünglich gotisch und wurden später im Stil der Renaissance beziehungsweise des Barocks umgebaut. Sie waren zu 80 Prozent kriegszerstört und wurden Ende der 1950er Jahre wieder aufgebaut. Im Haus Nr. 12 hat das Zentrum für Mittelalterarchäologie der Ostseeanrainerstaaten seinen Sitz, eine Abteilung des Instituts für Archäologie und Ethnologie der Polnischen Akademie der Wissenschaften. Das Gebäude an der Ecke Kuśnierska/ Grodzka (Fuhrstraße) wurde im Stil der Spätrenaissance rekonstruiert. Das sehenswerte Portal stammt vermutlich von einer der herzoglichen Residenzen und war vor dem Zweiten Weltkrieg an einem anderen Haus angebracht, das Medaillon soll Wilhelm van der Meer aus Gent geschaffen haben. Die beiden Hermen zu Seiten des Eingangs stellen die Gerechtigkeit und die Religion dar. Auf der gegenüberliegenden Seite der Kuśnierska gelangt man durch ein prächtiges Tor in den großen Schlosshof. Die Geschichte der Greifen-Residenz beginnt im Jahr 1346, als Herzog Barnim III. (um 1303-1368) auf dem Burgwall das „Steinhaus“ und eine Kapelle errichten ließ, die er wenig später durch die Kirche des Heiligen Otto ersetzte. Unter der Herrschaft Bogislaw X. (1454-1523) wurde 1491 der Südflügel fertiggestellt und prachtvoll ausgestattet. Das „große“ oder „neue Haus“ hatte einen viereckigen Grundriss und einen Turm, den heutigen Glockenturm. An der südwestlichen Ecke befand sich der Fangelturm. In die Keller wurden die bis heute erhaltenen Kreuzgewölbe, die auf sieben achteckigen Säulen ruhen, eingezogen. Bogislaw X. hatte auf seinen Reisen zahlreiche Fürstenhäuser besucht, die seinem Stettiner Herzogsitz an höfischem Prunk weit überlegen waren. So verwundert es nicht, dass er nach einer Erweiterung der alten Residenz strebte, die seiner gewonnenen Machtstellung entsprach. Auch bei der Ausrichtung großer Festlichkeiten wollte der Herzog anderen Landesherren in nichts nachstehen: Seine Hochzeit mit der damals erst vierzehnjährigen Tochter des polnischen Königs Kazimierz Jagiellończyk, Anna von Polen (1476-1503), war das glanzvollste Fest, das man je auf dem Stettiner Schloss gesehen hatte. Unter den geladenen Gästen befanden sich Vertreter vieler Herrscherhäuser, mit denen der Herzog in Kontakt stand. Der Sohn Bogislaws X., Herzog Barnim IX. (1501-1573), ließ ab 1538 den Ostflügel errichten. Einige der rechteckigen, mit Ziegeln eingefassten Fenster sind an der zur Oder weisenden Fassade erhalten geblieben.

Der Arkardenhof bietet den Rahmen für sommerliche Opernaufführungen.

1569 erhielt Herzog Johann Friedrich (1542-1600) im Vertrag von Jasenitz die Regierungsämter in Pommern-Stettin. Der strebsame junge Herzog war wenige Jahre zuvor nach Wien gegangen, wo er im Dienst Kaiser Maximilian II. (1527-1576) gestanden hatte. Er war zum Fähnrich der Reichshoffahne ernannt worden und hatte sich am Feldzug gegen die Osmanen beteiligt. Ende 1566 war er nach

Pommern zurückgekehrt, konnte aber erst nach dem Tod Barnims XI. (nach anderer Zählung Barnim IX.) allein regieren. In den Jahren 1575 bis 1577 ließ er das Stettiner Schloss vom Baumeister Wilhelm Zacharias im Stil der italienischen Renaissance umbauen, wobei die mittelalterlichen Bauten abgetragen wurden. Lediglich das „große Haus" und der gerade wiederaufgebaute Ostflügel blieben unverändert. An die Ostfassade des Nordflügels wurde ein kompakter Turm angefügt, der zur neu errichteten Schlosskirche gehörte. Die neuen dreistöckigen Renaissanceflügel erhielten jeweils ein Flachdach mit Attika, und im Bereich des beinahe quadratischen Innenhofs entstanden Arkaden. Im Treppenhaus des Nordflügels und des Westflügels wurden die ersten „italienischen", also gegenläufigen Treppen Hinterpommerns eingebaut. Außer dem Treppenhaus befanden sich im Erdgeschoss des Nordflügels die Einfahrts- und Durchgangsdiele, die Kirche, die Räume für die Höflinge sowie das herzogliche Oratorium. Im ersten Stockwerk hatte der Herzog seine Gemächer und im zweiten die Herzogin. Im Erdgeschoss des Ostflügels befanden sich die Hofämter, im ersten Stockwerk die Audienzräume sowie die Wohnungen der herzoglichen Beamten. In den oberen Etagen logierten die Gäste. Die Innenräume der Residenz wurden mit Wandbildern, Wandtäfelungen und Gobelins sowie mit reich verzierten Türen, Öfen und Kaminen ausgestattet. Weiß, gelb, rot und grün gemalte Ranken schmückten die Deckenbalken. Am 17. Februar 1577 konnte Herzog Johann Friedrich auf dem neuen Stettiner Schloss seine Hochzeit feiern: Seine Braut war die noch nicht einmal 15-jährige Prinzessin Erdmuthe, Tochter des Kurfürsten Johann Georg von Brandenburg (1525-1598). Unter den Hochzeitsgästen befanden sich ihr Vater und ihr Bruder, der Kurprinz Joachim Friedrich, des weiteren Herzog Georg von Brieg mit zwei Söhnen, drei Fürsten von Anhalt mit großem Gefolge, vier Brüder des Herzogs sowie die pommersche Ritterschaft. (Vgl. Lemcke, Hugo:

Die Bau- und Kunstdenkmäler des Regierungsbezirks Stettin, Heft XIV, Abteilung I: Das Königliche Schloss in Stettin, Stettin 1909, S. 23f.)
Herzog Philipp II. (1573–1618), der als der kunstsinnigste unter den Pommernherzögen gilt, hatte eine derartige Menge an Büchern, Bildern, Gobelins und anderen Kunstgegenständen zusammengetragen, dass er im Schloss keinen Platz dafür fand. „[…] die Bilder lagen vielfach auf einander geschichtet; meistens waren es Porträts der Familienmitglieder auswärtiger Potentaten und anderer berühmter Personen, daneben auch reine Phantasiebilder, wie des Attila, Totila und Tamerlan; mit Erzeugnissen des Kunstgewerbes waren die Gemächer geradezu überladen, darunter die beiden berühmtesten ihrer Zeit, die von dem Augsburger Hainhofer gelieferten, der Meierhof und der jetzt in der Silberkammer des Königlichen Kunstgewerbemuseums in Berlin aufbewahrte ‚pommersche' Kunstschrank […]. In der Bibliothek, deren wertvollste Stücke in Italien aufgekauft waren, befanden sich mehr als 60 Handschriften klassischer Schriftsteller des Altertums. […] Der Herzog hatte ein eigenes Raritäten- und Kunstkabinett, die Büchergestelle nahmen die Mitte des Zimmers ein, auf den Bänken und zur ebenen Erde standen allerhand Vasen und Statuen von Marmor und Bronze, an den Wänden hingen Hoch- und Flachreliefs, in Holz geschnittene, gläserne und ‚andere subtile Sachen' angeheftet und angelehnt. […] Ebenso war das Raritätenkabinett der Herzogin ‚schier zu eng'. Auch die Stallungen reichten kaum für den eigenen Bedarf aus, die Pferde von Fremden mußten oft, wie diese selbst, in der Stadt in Zinshäusern untergebracht werden; kurz, es gebrach überall an Platz." (Ebd., S. 27f.) Der sogenannte Meierhof gehörte ebenso wie der im Zweiten Weltkrieg in Berlin verbrannte pommersche Kunstschrank zu den vom Herzog in Auftrag gegebenen Werken. Vermittler und Beschaffer in Sachen Kunst war der Augsburger

Kunsthändler und -agent Philipp Hainhofer (1578–1647), der 1617 nach Pommern kam und seine Kunstgegenstände dort persönlich ablieferte. In seinem Reisetagebuch beschreibt er eingehend die Kunstsammlungen im Stettiner Schloss sowie das Leben am herzoglichen Hof. Bereits im Jahr zuvor hatte der Herzog mit dem Bau des Museumsflügels begonnen. Er kümmerte sich persönlich um das Baugeschehen und ließ sich von Hainhofer über die zweckentsprechende Anordnung der Räume und die passende Unterbringung der Kunstschätze beraten. Im Erdgeschoss des Museumsflügels wurden Rüstkammer, Stallungen und Remisen untergebracht. Im ersten und zweiten Stockwerk befanden sich das herzogliche Studierzimmer, die Kunstsammlungen und die umfangreiche Bibliothek. Schließlich wurde der Museumstrakt durch Verbindungsbauten an den Westflügel angeschlossen. Auf diese Weise entstand ein weiterer Innenhof, der spätere Münzhof. Als der

Im großen Schlosshof.

Museumsbau 1619 fertiggestellt wurde, war Herzog Philipp bereits verstorben und sein Bruder Franz I. (1577–1620) regierte das Land.

Glanz und Gloria endeten 1637 mit dem Tod des letzten Pommern-Herzogs Bogislaw XIV. (1580–1637). Stettin fiel mit Vorpommern an Schweden, das Schloss wurde Sitz der Landesregierung und seiner Kunstschätze beraubt. Im Rempter lag noch bis 1654 die aufgebahrte Leiche Herzog Bogislaws, da weder die Schweden noch die Brandenburger die Kosten für seine Bestattung übernehmen wollten. Nach 17 Jahren einigten sie sich darauf, jeweils die Hälfte der Mittel beizusteuern. 1677 nahm Kurfürst Friedrich Wilhelm von Brandenburg (1620–1688) Stettin nach halbjähriger Belagerung ein. Nicht nur die Stadt, auch das Schloss war zu großen Teilen zerstört und musste dringend instandgesetzt werden. Der kurfürstliche Kommissar von Podewils stellte im Januar 1678 einen Kostenplan für die Reparaturarbeiten auf. Darin berücksichtigte er lediglich das, was „nötig sei zur Conservirung der Gewölbe, schönen Böden und Logiamenter, so teils ohne Dach, auch wegen zerschossener Mauern weiteren Ruin, Einfall und Schaden imminiren". (Ebd., S. 32) Was dann tatsächlich ausgebessert wurde, ist nicht bekannt. König Friedrich Wilhelm I. (1688–1740) ließ das Schloss aus- und umbauen und in ein Arsenal umwandeln. Dabei wurden seine äußeren Formen völlig verändert und vereinfacht. Im 19. Jahrhundert erfuhr das Stettiner Schloss noch mehrere Umbauten. In seinen Räumen wurden verschiedene Behörden untergebracht, darunter das Oberpräsidium und das Oberlandesgericht. Nur im Nordflügel haben kurzzeitig Mitglieder des Königshauses gewohnt. Der Südflügel erhielt 1874 einen Neubau. Die prächtige Balkendecke aus dem Erdgeschoss wurde gerettet und im neu aufgesetzten vierten Stockwerk eingebaut, das fortan die Sammlungen des Pommerschen Museums für Altertum beherbergte.

Im August 1944 wurde das Stettiner Schloss bei einem Bombenangriff der Alliierten zerstört. 1950 begann sein Wiederaufbau in den Formen der Renaissance, der 1984 abgeschlossen wurde. Unter der Leitung des renommierten polnischen Architekten und Städteplaners Stanisław Latour waren 30 Baufachleute mit dem Projekt beschäftigt. Seit seiner Wiederherstellung wird das Schloss der Pommerschen Herzöge als Kulturzentrum genutzt. Es beherbergt die Oper im Schloss (Opera na Zamku, ul. Korsarzy 34), das Schlossmuseum (Zamek Książąt Pomorskich – Muzeum Narodowe w Szczecinie, ul. Kosarzy 34), ein Restaurant, das Marschallamt der Wojewodschaft Westpommern, ein Standesamt und eine Tourist-Information. In den Sommermonaten kann man den Glockenturm am nördlichen Ende des Münzhofes besteigen. Von seiner Aussichtsplattform hat man einen wunderbaren Blick über die Stadt, die Oder und den Hafen bis hin zu den Buchbergen (Wzgórze Bukowe), die Stettin nach Südosten hin einrahmen. Im Inneren des Turms hängt ein 28,5 Meter langes Foucaultsches Pendel, das zeigt, wie die Erde sich um ihre eigene Achse dreht. Im großen Schlosshof werden in den Sommermonaten Operetten und Theaterstücke aufgeführt sowie Filme gezeigt. Hier befindet sich auch der Uhrenturm mit der astronomischen Uhr, welche die schwedische Regierung im Jahr 1693 den Stettinern schenkte, weil diese so tapfer gegen die brandenburgische Belagerung (1676-1677) gekämpft hatten. Angefertigt hat sie Caspar Nitardi aus Dramburg (Drawsko Pomorskie). Das Maskaron auf dem Zifferblatt bewegt seine Augen mit dem Stundenzeiger und zeigt im offenen Mund das aktuelle Datum an. Ein Narr schlägt mit der linken Hand die Stunden und mit der rechten die Viertelstunden an. Über dem Maskaron kann man an einer dunkelblau-goldenen Kugel die aktuellen Mondphasen ablesen. Das Uhrwerk wurde 1979 in seiner heutigen Form fertiggestellt.

Der Uhrenturm im großen Schlosshof.

Der Nordflügel des Schlosses hat eine Dachterrasse, auf der die Besucher in den Sommermonaten wie im 17. Jahrhundert lustwandeln und den Panoramablick genießen können. Infolge eines Bauunfalls beschädigt, wurde er wiederaufgebaut. Dabei erhielt der prächtige Herzog-Bogislaw-Saal eine neue Bühnentechnik. Im gesamten Flügel wurden die Renaissance-Elemente wiederhergestellt, und in der herzoglichen Krypta ruhen erstmals seit 1945 wieder die Gebeine der „Greifen".

In den Kellergewölben des Ostflügels werden eine Ausstellung zur Geschichte des Schlosses sowie Wechselausstellungen gezeigt. Hier erwartet die Besucher auch die „Hexenzelle", wo anhand einer holografischen Projektion über das Schicksal der Sidonia von Borcke oder Borck (1548-1620) berichtet wird. Dieser reichen und schönen Adligen war von Herzog Ernst Ludwig von Pommern-Wolgast die Ehe versprochen worden. Da eine Ehe mit Sidonia in den Augen seiner Familie nicht standesgemäß war, brach der Herzog sein Versprechen. Aus Rache soll Sidonia daraufhin das Geschlecht der Greifen mit dem Fluch der Unfruchtbarkeit belegt haben. Tatsächlich verstarben Mitglieder der Dynastie schon früh und blieben ohne Nachkommen. Als 1637 mit dem Tod des kinderlosen Herzogs Bogislaw XIV. das Herzogshaus erlosch, hatte sich Sidonias Fluch der Legende nach erfüllt. In Wirklichkeit war Sidonia von Borcke eine resolute, streitbare und egozentrische Person, die von ihren Verwandten um Teile ihres Erbes betrogen wurde, jahrelang Prozesse führte und schließlich im Stift Marienfließ (Marianowo) lebte.

Die Figur des Heiligen Otto an der Schlossfassade stellt den Bischof von Bamberg dar, der die Pommern missionierte und Namensgeber für die Stettiner Schlosskirche war.

1619 wurde ihr wegen Hexerei der Prozess gemacht. Sie wurde in Stettin eingekerkert, „peinlich befragt“ und 1620 im Alter von 72 Jahren vor den Toren Stettins enthauptet und verbrannt. Dem entsprechend sind neben der „Hexenzelle“ auch Folterwerkzeuge aus dem 16. und 17. Jahrhundert zu sehen. Sydonia von Borcke soll übrigens des Nachts als Weiße Frau durch die Gänge des Stettiner Schlosses geistern...

Zu den Besonderheiten im Schloss der Pommerschen Herzöge gehört die große Lubinsche Karte, ein Meisterwerk der Kartographie und zugleich ein Kunstwerk. Der Theologe, Philosoph und Mathematiker Eilhard Lubinus (1565-1621) erstellte sie zwischen 1610 und 1618 im Auftrag Herzog Philipp II. von Pommern. Es war die erste vollständige Karte des Herzogtums. Auf dem Kartenwerk sind nicht nur über 2000 Städte, Dörfer, Gewässer, Wälder und Sümpfe dargestellt, sondern auch Gasthäuser und Windmühlen. Die Positionen in geographischer Breite und Länge sind im Vergleich mit modernen Satellitenkarten erstaunlich genau. Lubinus benutzte zur Vermessung des Landes das Astrolabium, den Jakobsstab und den Messquadranten, vermutlich auch Messkette und Schrittzähler. Gestochen wurde das Kartenwerk auf zwölf Kupferplatten, von denen jede sechs Pfund wog. Die zusammengesetzten gedruckten Blätter ergaben die Gesamtmaße von 1,25 Meter Höhe und 2,21 Meter Breite. Allerdings wurden nur wenige Exemplare hergestellt. Eines davon hat die Stadt Stettin im Jahr 2011 erworben. Auf der interaktiven Lubinschen Karte kann der Besucher selbst die pommersche Landschaft erkunden und beliebige Informationen abrufen.

Oderboulevards und Hakenterrasse

Die Oder ist die Lebensader Stettins. Einen ganzen Tag kann man an ihren Ufern verbringen – spazieren gehen, Fahrrad fahren, joggen, essen, trinken, faulenzen – und all das mitten in der Stadt. Sobald die ersten wärmenden Sonnenstrahlen den oft grauen Stettiner Himmel durchbrechen, pulsiert hier das Leben. Man trifft sich, sonnt sich und genießt den Tag. Die Luft ist hier anders als auf den verkehrsreichen Straßen der Innenstadt und man könnte fast meinen, das salzige Aroma der Ostsee zu spüren. Ab 2013 wurden die Fußgängerboulevards auf beiden Seiten der Oder etappenweise angelegt und durch die Lange Brücke (Most Długi) miteinander verbunden.

Der am Ostufer entlangführende Boulevard (Nabrzeże Celne) befindet sich auf der Insel Łasztownia und beginnt am alten Zollamt, das Anfang des 20. Jahrhunderts nach Plänen von Wilhelm Meyer-Schwartau in den Formen der Neurenaissance erbaut wurde.

Blick vom bulwar Piastowski auf das alte Zollamt.

In diesem von außen und innen schönen Gebäude hat das Finanzamt III seinen Sitz. Man passiert einen Mast und das Bosmanat (Bootsmannsbüro), das 2013 eingeweihte Bürohaus Lastadia Office, eine Reihe von Pavillons mit kleinen Lokalen sowie das Restaurantschiff Ladoga und unterquert schließlich die achtspurige Oderbrücke der Trasa Zamkowa imienia Piotra Zaremby (Piotr-Zaremba-Schloss-Trasse). Die 2,3 Kilometer lange Schnellstraße beginnt am plac Żołnierza Polskiego und führt in weiten Bogen über die Insel Łasztownia und die Parnica bis zur Gdańsker Straße (ul. Gdańska). Die Fahrspuren stadteinwärts wurden 1987 in Betrieb genommen, stadtauswärts 1993. Bald steht man vor einem Gebäude, das wie der Bug eines riesigen braunen Schiffes aufragt. Das Maritime Wissenschaftszentrum ist insbesondere für Kinder ein spannender Ort, ein Experimentarium, wo physikalische Phänomene in Bezug auf das Wasser nacherlebbar gemacht werden (Morskie Centrum Nauki, Nad Duńczycą 1).

Das Maritime Wissenschaftszentrum.

Unweit davon stehen drei hundertjährige Hafenkräne, die vor einiger Zeit restauriert wurden. Dzwigozaury – Kransaurier – werden die grün-gelb lackierten Stahlkolosse genannt. Sie sehen aus, als würden sie tanzen und sind die Wahrzeichen des Altstadt-Kais (Nabrzeżie Starówka). Wenn sie abends in buntem Licht erstrahlen, verwandelt sich die Oderpromenade in eine Partymeile. Diverse

Großveranstaltungen locken die Menschen auf die Insel. Bei Volksfesten stehen hier die Fahrgeschäfte. Platz ist genug vorhanden.

Kransaurier werden die grün-gelb lackierten Stahlkolosse genannt.

Die Łasztownia, deren deutscher Name Lastadie soviel wie Verladekai oder Ladeplatz bedeutet, war nach dem Niedergang des Stettiner Hafens ein vergessener Ort, an den sich kaum ein Tourist verirrte. In dem verfallenen Gebäudekomplex, den man rechtsseitig sieht, befanden sich noch bis in die sechziger Jahre Werkstätten und kleine Handwerksbetriebe. Derzeit wird nur ein geringer Teil der Hallen genutzt, obwohl ihr Zukunftspotential groß ist. Am skwer Kapitanów informiert eine Open-Air-Ausstellung über die Geschichte der Flößerei auf der Oder und der polnischen Schifffahrt. Der Komplex des ehemaligen städtischen Schlachthofs (Stara Rzeźnia) wurde von 1885 bis 1889 nach Entwürfen der Stettiner Bauräte Konrad Kruhl und Carl Schmidt errichtet. Bis 1983 erfüllte der Schlachthof seine Aufgabe und wurde danach als Lager genutzt. Das restaurierte Stallgebäude ist Sitz des Kulturzentrums der Euroregion, einer Bibliothek sowie diverser Firmen. Heute ist der Alte Schlachthof ein beliebter Veranstaltungsort. Unmittelbar dahinter beginnt das Hafengelände. An der modernen Nord-Ost-Marina, neben der sich mehrere Anlegestellen für Paddelboote befinden, verbindet eine Brücke die Łasztownia mit ihrer nördlichen Nachbarinsel, der Grodzka (Schlächterwiese). Hier wurde früher das Vieh für den Schlachthof gehalten. Heute besteht der größte Teil der Grodzka aus Kleingärten. Im Sommer lockt die Insel mit ihrem künstlich aufgeschütteten Strand und der Strandbar die Besucher an. Ob Familien mit Kindern, Tänzer aus Leidenschaft oder Liebhaber des Open-Air-Kinos – hier kommen fast alle auf ihre Kosten. Man kann sich auch einfach nur im Liegestuhl entspannen und dem Sonnenuntergang zuschauen. Besonders schön ist von hier wie auch von der Łasztownia der Blick auf die Hakenterrasse mit ihren monumentalen Gebäuden.

An der Oder entlang kann man wieder zurück zur Langen Brücke spazieren. Mitunter wird man auf dem Weg von appetitlichem Schokaladenduft überrascht, der über den Fluss in die Altstadt zieht. Ein paar hundert Meter hinter dem Bürogebäude Lastadia Office steht nämlich die bekannte Schokoladenfabrik Gryf, die 2007 von der französischen Gruppe Cémoi übernommen wurde und Industrieschokolade produziert. Wer sich auf der weitläufigen Łasztownia näher umschauen möchte, kann bis an den alten Freihafen herangehen, der 1894 nach Plänen eines Architekten- und Ingenieurkollektivs unter Leitung des Baurats Friedrich Krause entstand. Das Hafengebiet beginnt im Westen am ehemaligen Breslauer Bahnhof, dessen Spitzbogenportal von 1901 erhalten blieb. An der Breslauer Straße (ul. Bytomska 1) steht die ehemalige Feuerwache II. Der rote Klinkerbau mit seinem charakteristischen Turm entstand in den Jahren 1897 bis 1898 nach Plänen von Max Berg. Heute hat hier der Rettungsdienst des Hafens seinen Sitz. In derselben Straße befindet sich auch das neugotische Gebäude der Hafenverwaltung, errichtet 1899 von Wilhelm Meyer-Schwartau. Das reich verzierte Gebäude wurde im Krieg zerstört, in den 1960er Jahren wieder aufgebaut und 1982 um ein Stockwerk erhöht. Am Rumänien-Kai des Ostbeckens wurden von 1897 bis 1898 große Klinkerspeicher errichtet. An der Südseite des Hafenbeckens ist das alte Kesselhaus an seinen beiden Türmen und dem hohen Schornstein zu erkennen. Links, am Russland-Kai, stehen noch die mächtigen Eisenbeton-Speicher aus dem Jahr 1929. Früher war die Lastadie dicht bevölkert. Fast die gesamte Wohnbebauung wurde ebenso wie die Hafenanlagen im Zweiten Weltkrieg zerbombt. Ein einsamer Zeuge der Vorkriegszeit ist die neugotische Gertraudenkirche, die von 1894 bis 1897 nach Plänen von Wilhelm Meyer-Schwartau anstelle einer Spitalkirche entstand. Derzeit werden auf der Insel Wohnhäuser in ansprechenden, modernen Formen gebaut. Eine noch interessantere Wohnsiedlung wird auf der anderen Seite der Langen Brücke entstehen: Reihenhäuser in außergewöhnlichem Design mit begrünten Dächern. Der Entwurf für das Projekt stammt vom US-amerikanischen Architektenbüro Laguarda.Low, das auch den Hanza Tower konzipiert hat.

Nach dem nochmaligen Überqueren der Langen Brücke gelangt man auf den westlichen Oder-Boulevard, den bulwar Piastowski. Auf der als Freiluftausstellung gestalteten Segler-Allee wird anhand von Bronzetafeln und Skulpturen pommersche und polnische Schifffahrtsgeschichte vom 10. Jahrhundert bis in die Neuzeit erzählt. In den Boden ist die Mare Dambiensis-Karte eingelassen, eine historische Karte vom Dammschen See (Jezioro Dąbie). Auch auf der Segler-Allee gibt es zahlreiche Restaurants, in denen man zur wärmeren Jahreszeit draußen sitzen kann. Kurz vor der

Street-Art an den Brückenpfeilern der Schloss-Trasse.

Brücke der Trasa Zamkowa (Schloss-Trasse) sind Modelle von Navigationsgeräten und Messinstrumenten wie Astrolabium, Chronometer, Kompass und Sextant zu bestaunen. Hier endet die Segler-Allee. Die Brückenpfeiler der Trasa Zamkowa, die in der Nähe beginnt, sind eine Sehenswürdigkeit ganz anderer Art. Hier ist eine Galerie kleinerer Arbeiten von Street-Art-Künstlern entstanden.

Sie sind zum Teil riesig, farbenfroh und ziehen die Blicke an, ein Lachen in der Tristesse vernachlässigter Stadtviertel – die Fassadenbilder. Auch in Stettin gibt es mittlerweile immer mehr davon. Während sie vor 1989 vor allem für stadtansässige Unternehmen warben und politische Losungen propagierten, sind sie heute populäre Elemente der Street Art. Die meisten der großflächigen Fassadenmalereien befinden sich in Pomorzany (Pommerensdorf), darunter das Wandgemälde „Ungewissheit" von Zësar Bahamonte aus Sevilla, einem Spanier mit uruguayischen Wurzeln. Es zeigt das Gesicht eines Mannes und einer Frau. Insbesondere die Brandmauern einzelner Häuser aus deutscher Zeit, die zwischen den Wohnblöcken der Nachkriegszeit überdauert haben, boten den Künstlern ein geniales Betätigungsfeld. Die beiden Malereien an der aleja Powstańców Wielkopolskich 44 entstanden im Rahmen eines städtischen Projekts. Weitere Fassadenbilder findet man in der ul. Kolumba und an der ul. Chmielewskiego. Auch politische Themen sind nach wie vor aktuell. So entstand in der ul. Dunikowskiego ein Wandbild anlässlich des 40. Jahrestags der Dezember-Vereinbarungen von 1980. Es stammt von Sabina Twardowska und Dorota Wójcik. „Mensch in den Wolken auf einem Seil" heißt das Wandbild an der ul. Ściegiennego 6a. An der aleja Wyzwolenia 77 grüßt die „Hall of Fame" die vorübergehenden Passanten. Die Bewohner des nördlich gelegenen Stadtteils Skolwin (Odermünde) sollten unter anderem mit den beiden Fassadenbildern, die sich an der ul. Stołczyńskiej 128 und 161 befinden, an die Kunst herangeführt werden. In der ul. Kościelnej in Stołczyn (Stolzenhagen) prangt seit 2021 am ehemaligen Hochbunker ein 20 Meter hohes Bild, das an die Stettiner Hüttenwerke und ihre Arbeiter erinnert. Street-Art-Künstler, die sich in Stettin betätigt haben, sind unter anderem Maciej „Kreda" Jurkiewicz, Lump, Michał „Sepe" Wręga, Jakub Bitka, Dariusz Miliński, Mariusz Waras und Grek Dimitris Taxis. Einige der Fassadenmalereien können sogar „atmen". Sie bestehen aus katalysierenden Farben, sind ökologisch und reinigen die Luft. Ein solches Wandbild findet man unter anderem an der ehemaligen Jüdischen Grundschule (Żydowska Szkoła Podstawowa w Szczecinie, 1946-1969) in Niebuszewo (Zabelsdorf).

Von den Oderinseln hat man einen schönen Blick auf die Hakenterrasse.

Nördlich der Brücke beginnt das innere Küstengewässer. Unweit von hier gab es seit der Wende vom 15. zum 16. Jahrhundert eine Holzbrücke, die sogenannte Baumbrücke (Most Kłodny). Sie führte auf die Lastadie und wurde 1945 gesprengt. Ihr Wiederaufbau ist vorgesehen. Man gelangt nun über den bulwar Chrobrego, immer am Wasser entlang, zum Schiffsanleger beziehungsweise zur Hakenterrasse. Schaut man flußabwärts, erblickt man in der Ferne einen riesigen Getreidespeicher, der 1935 auf der damaligen Insel Der fette Ort errichtet wurde. Wegen des sumpfigen Untergrunds steht der 64 Meter hohe Betonbau auf 600 Pfählen. Er hat ein Fassungsvermögen von 75 000 Kubikmeter, was 50 000 Tonnen Getreide entspricht. Bis 2045 ist der „Elewator EWA“ an ein dänisches Unternehmen vermietet.

Auf der Lastadie wurden bereits im Mittelalter Schiffe gebaut. Im 19. Jahrhundert waren in Stettin die AG Vulcan und die Oderwerke ansässig. Die Vulcan-Werft zählte zu den größten europäischen Werften und baute insbesondere Schiffe für die Kriegsmarine. 1948 wurde auf dem Gelände der beiden Werften die ZSPO Stocznia Szczecińska als staatliches Unternehmen gegründet. Die Stettiner Werft baute vor allem Schiffe für die Sowjetunion, aber auch für Deutschland, Großbritannien und Norwegen. Sie spezialisierte sich auf den Bau mittelgroßer Containerschiffe und Chemikalientanker sowie von Schiffen für die Meeresforschung und wurde zum größten und modernsten Unternehmen dieser Art in Polen. Auf ihrem Gelände befindet sich heute die Stocznia Szczecińska „Wulkan“ sp.zo.o. Die Reparaturwerft Morska Stocznia Remontowa Gryfia S. A. zählt zu den bekanntesten Reparaturwerften im In- und Ausland. Auch Motorboote werden in Stettin gebaut, und in Police (Pölitz) produziert die Partnerwerft (Partnerstocznia) Mehrzweckschiffe und -rümpfe sowie Universalfrachter, Tanker und Spezialschiffe.

Die Schiffsanleger für die Hafenrundfahrten befinden sich gegenüber der Hakenterrasse am bulwar Chrobrego. Von April bis Oktober verkehren mehrere Ausflugsschiffe, die unterschiedliche Touren anbieten. Der Stettiner Hafen war als Umschlagplatz für Kohle, Eisenerz und Stahl vor allem für die oberschlesischen Industriegebiete von Bedeutung. In der Volksrepublik Polen wurde er zu einem der größten Ostseehäfen ausgebaut. Heute ist das eigentliche Hafenmilieu verschwunden, denn die modernen Containerschiffe laufen den 68 Kilometer entfernten Hafen Szczecin-Swinoujście an. Dafür kommen immer mehr Flusskreuzfahrtschiffe nach Stettin, und wer mit dem Schiff anreist, sieht als erstes die Hakenterrasse…

Im Mittelalter lag der Stettiner Hafen am Westufer der Oder zwischen der Langen Brücke (Most Długi) und der Baumbrücke (Most Kłodny), die einen Durchlass für Schiffe hatten. Als Schiffsanleger dienten Holzstege. Mit der Mitgliedschaft Stettins in der Hanse nahm die Entwicklung des Hafens einen gewaltigen Aufschwung. Nach und nach wurde auch die Lastadie mit einbezogen. Auf der Insel entstanden Kais, Speicher und Holzlagerplätze. Ein Hafenkran wurde aufgestellt und die Stadtwaage errichtet. Als im 19. Jahrhundert durch den Schienenverkehr neue Möglichkeiten des Güterumschlags entstanden, baute man ab 1878 die Ufer der Dunzig (Duńczyca) aus, um nicht mehr durch die beiden Brücken fahren zu müssen. Von 1894 bis 1898 entstand auf der Lastadie der Freihafen, der bis 1910 ausgebaut wurde, und kurz darauf der sogenannte Industriehafen an der unteren Parnitz (Parnica). In den Jahren 1927 bis 1929 folgte der Bau eines modernen Umschlagplatzes für Massengüter. Der von den Nationalsozialisten erheblich ausgebaute Stettiner Hafen war im Zweiten Weltkrieg Ziel schwerster alliierter Bombenangriffe und wurde zu 80 Prozent zerstört. Heute werden hier vor allem Stahlprodukte, übergroße Ladungen sowie Erzeugnisse der Papier- und Zellstoffindustrie umgeschlagen und gelagert. Hinzu kommen andere Massengüter wie Kohle, Koks, Zuschlagstoffe, Getreide, Düngemittel und Flüssigladungen sowie Güter, die bestimmte Lagerungsbedingungen erfordern. Desweiteren ist der Hafen der größte Umschlagplatz für Granitblöcke in Polen. Seit neuester Zeit laufen Investitionsprojekte zum Ausbau der Hafeninfrastruktur.

Die Häfen von Stettin und Świnoujście, die mit denen von Gdańsk (Danzig) und Gdynia im Wettbewerb stehen, sollen mit Unterstützung durch die Europäische Union weiter gefördert werden.

Um vom Schiffsanleger zur Hakenterrasse (Wały Chrobrego) zu gelangen, überquert man die an der Oder entlangführende Schnellstraße. Ein Springbrunnen und zwei Kandelaber in Form stilisierter Leuchttürme bilden das Vorfeld der nach Oberbürgermeister Hermann Haken benannten Monumentalanlage, die schon zur Zeit ihres Entstehens die Sehenswürdigkeit Nummer 1 in Stettin war und sich heute wieder in alter Schönheit präsentiert. Zwei repräsentative Treppen führen vom Brunnenvorplatz hinauf zu einer Aussichtsterrasse, in deren Mitte die Skulptur „Zentaurenkampf" des Bildhauers Ludwig Manzel steht. Von hier geht es zu einer weiteren Terrasse, die von zwei Pavillons eingefasst wird, in denen sich gastronomische Einrichtungen befinden. Die Pläne für die Hakenterrasse entwickelte Wilhelm Meyer-Schwartau im Auftrag der Stadtverwaltung. Im Herbst 1902 wurde auf dem ehemaligen Festungsgelände mit dem Bau begonnen, im Winter 1907 war das Projekt verwirklicht. Von 1911 bis 1913 wurde ebenfalls nach einem Projekt Meyer-Schwartaus das ehemalige Städtische Museum Stettin errichtet, das seither den Mittelpunkt der Anlage bildet. Das heutige Hauptgebäude des Nationalmuseums besitzt eine reiche Sammlung von Exponaten außereuropäischer Kulturen sowie pommerscher Kunst des 16. und 17. Jahrhunderts. Die Dohrnsche Sammlung, die an ihren ursprünglichen Platz zurückgekehrt ist, wird in den Museumsräumen auf außergewöhnliche Weise präsentiert. Es

„Zentaurenkampf" auf der Hakenterrasse.

handelt sich hierbei um Kopien berühmter Skulpturen der Antike aus Bronze und Marmor. Sowohl diese als auch die entomologische Sammlung Carl August Dohrns bildeten die Grundlage des 1913 eröffneten Städtischen Museums. Carl August Dohrn (1806-1892) war ein Stettiner Politiker, Unternehmer und Entomologe. Seine Käfersammlung mit 40 000 Arten war eine der bedeutendsten in Europa. Zusammen mit seiner entomologischen Fachbibliothek schenkte er sie noch zu Lebzeiten dem Museum seiner Heimatstadt. Die Antikensammlung des Nationalmuseums geht hingegen auf seinen Sohn, den Mitbegründer des Museums Heinrich Dohrn (1838-1913) zurück. Heinrich trat in die Fußstapfen seines Vaters, betrieb seine zoologische Forschungen jedoch in Westafrika. (Muzeum Narodowe w Szczecinie przy Wałach Chrobrego, ul. Wały Chrobrego 3)
Südlich des Nationalmuseums wurden in den Jahren 1902 bis 1921 die Gebäude des ehemaligen Landesfinanzamts Pommern errichtet: das neubarocke von Emil Drews, das andere im Stil der Neurenaissance von Karl Hinckeldeyn und Heinrich Osterwold. Bis 1923 befand sich hier die Hauptzolldirektion und in dem Gebäude von Drews die Landesversicherungsanstalt. Heute gehören beide Häuser zur Maritimen Universität von Stettin. Nördlich des Museums wurde in den Jahren 1906 bis 1911 für die Bezirksregierung Stettin ein monumentales Backsteingebäude erbaut. Es entstand nach Plänen des Berliner Architekten Paul Kieschke im Stil der niederländischen Spätrenaissance. Hier hat das Wojewodschaftsamt seinen Sitz.

Wilhelm Meyer-Schwartau (Wilhelm Meyer) wurde 1854 in Schwartau geboren. Er studierte an der Berliner Bauakademie bei Friedrich Adler. In den 1880er Jahren wirkte er als Denkmalkonservator an der Restaurierung der Wormser Kathedrale mit und erforschte die Bau- und Kunstgeschichte des Speyerer Doms, worüber er publizierte. Von 1891 bis 1921 lebte Meyer-Schwartau in Stettin, wo er als Stadtbaurat an diversen städtischen Bauprojekten beteiligt war und eng mit Oberbürgermeister Hermann Haken zusammenarbeitete. Er entwarf unter anderem die neugotische Sankt Gertrudenkircheauf der Lastadie, das Stadtgymnasium in der Barnimstraße (al. Piastów) sowie das eklektische Gebäude der Königlichen Bauhandwerkerschule in der Schinkelstraße (ul. Pułaskiego). Desweiteren verdankt ihm Stettin etwa dreißig Schulen sowie die Gebäude des Städtischen Krankenhauses in Pommerensdorf (Pomorzany). Er projektierte auch den Hauptfriedhof mit seinen neuromanischen Bauten. Um 1910 war er Vorsitzender des Preisgerichts im Architekturwettbewerb für den Stettiner Bismarckturm in Stettin-Gotzlow (Gocław), der bis heute weithin sichtbar ist. Meyer-Schwartau starb 1935 in Stettin.

In Stettin spielte die bildende Kunst zunächst nur eine untergeordnete Rolle. Erst der wirtschaftliche Aufschwung des deutschen Kaiserreichs brachte einen Wandel mit sich. Das Städtische Museum sollte die umfangreichen Sammlungen, die aus Stiftungen und Schenkungen bestanden und durch Ankäufe des Kunstvereins für Pommern ständig vergrößert wurden, beherbergen und der Öffentlichkeit zugänglich machen. Als Direktor wurde Dr. Walter Riezler (1878-1965), ein junger Archäologe und begeisterter Anhänger der zeitgenössischen Reformbewegung, berufen. In seiner neuen Funktion leistete er hervorragende Arbeit. Er förderte seine Frau, die Künstlerin Paula Riezler, und kümmerte sich um den Aufbau einer Galerie für zeitgenössische Kunst, was zu Anfeindungen von Seiten der konservativen Kreise der Provinzhauptstadt führte. Trotzdem gelang es ihm, in Stettin Gegenwartskunst zu etablieren und unter der Einwohnerschaft Verständnis und Interesse für die zeitgenössische deutsche und pommersche Kunst zu wecken. 1907 war Riezler Mitbegründer des

Deutschen Werkbunds (DWB), der für ein qualitätvolles Gestalten der menschlichen Umwelt eintrat. Er gab die DWB-Zeitschrift „Die Form“ heraus, für die er selbst etwa 50 Artikel geschrieben hat. Da seine Kunstauffassung zur nationalsozialistischen im Widerspruch stand, wurde er im April 1933 seines Amtes enthoben und 1934 in den vorzeitigen Ruhestand versetzt.

Hinter der Hakenterrasse liegt ein ruhiges Wohnviertel, das zum Stadtteil Stare Miasto (Altstadt) gehört. In der ul. Henryka Pobożnego (Schlutowstraße) befindet sich das Gebäude des Neuen Marienstiftsgymnasiums, das von 1913 bis 1915 errichtet wurde und auch heute als Gymnasium genutzt wird. Das Portal ist von dorischen Säulen eingefasst. Ebenfalls an der ul. Henryka Pobożnego steht auf einem kleinen Platz das Denkmal des polnischen Nationaldichters Adam Mickiewicz. Es wurde von dem Stettiner Bildhauer und Maler Sławomir Lewiński (1919-1999) geschaffen und 1960 aus Anlass des tausendjährigen Jubiläums des polnischen Staates feierlich enthüllt. Dahinter liegt der Żeromski-Park (park im. S. Żeromskiego, früher Grabower Anlagen), der im 19. Jahrhundert auf Initiative des Stettiner Verschönerungsvereins auf dem Gelände eines ehemalige Friedhofs angelegt wurde. Über 170 Baumarten wachsen hier, darunter einige exotische Bäume aus Asien und Amerika. Im Park befindet sich das elegante Park Hotel, ein Haus der gehobenen Preisklasse mit umfangreichem Wellnessangebot (ul. Platanowa 1). Durch den Park gelangt man weiter zum Handelszentrum Galaxy an der aleja Wyzwolenia (s. Tour 5).

Durch den Stadtteil Centrum

Centrum (Zentrum) ist ebenso wie Stare Miasto und Nowe Miasto ein Stadtteil des Stadtbezirks Śródmiejście. In Centrum befinden sich das Amtsgericht Szczecin-Prawobrzeże i Zachód, das Staatsarchiv, die Steuerverwaltungskammer und andere offizielle Institutionen sowie mehrere Konsulate. Centrum ist aber auch der Stadtteil mit den meisten Ausgehmöglichkeiten: Bars, Clubs, Kneipen, Restaurants und Eiscafés gibt es hier fast an jeder Ecke, dazu viele Geschäfte, Banken und Wechselstuben sowie die beiden modernen Einkaufstempel Galeria Kaskada und Galaxy Centrum. Das 2003 eröffnete Handels- und Vergnügungszentrum Galaxy entstand nach einem Entwurf des Warschauer Architekten Piotr Klecan und wurde vor einigen Jahren erweitert. Es ist das größte seiner Art in Stettin und befindet sich in der aleja Wyzwolenia nahe des Bürohauses Pazim. Das „Pazim" ist mit 128 Metern (einschließlich Telekommunikationsmast) das zweithöchste Bauwerk der Stadt. Errichtet wurde es in den Jahren 1990 bis 1992 von der Firma Ilbau aus Wien, die Pläne stammen von einem Kollektiv internationaler Architekten unter Mitwirkung von Stanisław Kondarewicz aus Stettin. Den größten Teil des Gebäudekomplexes, der einem Schiffsbug mit Aufbau ähneln soll, nimmt das Polnische Seefahrtsamt ein. Der Turm, allgemein bekannt als „Thermoskanne", ist innerhalb der Stadt ein guter Orientierungspunkt. Im 22. Stock befindet sich das Café 22 (pl. Rodła 8). Der Ausblick von oben ist grandios. Zum „Pazim" gehört auch das Hotel Radisson am plac Rodła. Das höchste Gebäude der Stadt ist nunmehr der 125 Meter hohe Hanza Tower in der aleja Wyzwolenia 50. Das architektonische Konzept dafür stammt vom US-amerikanischen Architektenbüro Laguarda.Low, die Bauausführung übernahm die Stettiner Firma Urbicon. In dem gläsernen Turm befinden sich exklusive Appartments, Freizeit-Handels- und Dienstleistungseinrichtungen, ein Kongresszentrum sowie Büros.

Der neugestaltete plac Zamenhofa.

Die aleja Wyzwolenia setzt sich aus der früheren Moltkestraße und der Politzer Straße zusammen und wurde ebenso wie die heutige aleja Niepodległości auf dem geschleiften Befestigungsgürtel der Stadt angelegt. Auch hier wurde im Krieg fast alles zerstört. Ende der 1950er und in den 1970er Jahren wurde die aleja Wyzwolenia mit den für die damalige Zeit typischen Wohnblocks wiederaufgebaut. Seitdem ist sie wieder eine der Hauptgeschäftsstraßen des Stadtbezirks Śródmiejście. An der Ecke al. Wyzwolenia/plac Żołnierza Polskiego steht das große Gebäude einer Bank. Es wurde Mitte der 1930er Jahre nach Plänen von Gustav Gauss für die Stadtsparkasse Stettin errichtet. Zu Zeiten der Volksrepublik war es Sitz der Polnischen Vereinigten Arbeiterpartei (PZPR). Im Dezember 1970 wurde es von Demonstranten in Brand gesetzt. Bei den Ausschreitungen kamen mehrere von ihnen ums Leben. Vor dem Gebäude erinnert eine Informationstafel der Besichtigungsroute „Die rebellierende Stadt” an diese Ereignisse. Zwischen dem plac Żołnierza Polskiego und dem plac Lotników (Augustaplatz) gibt es seit 2019 den plac Pawła Adamowicza, der nach dem 2019 ermordeten Gdańsker Bürgermeister benannt wurde. Dieser neue Platz entstand nach Plänen des Architekturbüros Archaid. Ein „freundlicher offener Raum” mit Grün, Sitzgelegenheiten und Verkehrswegen wurde hier geschaffen. Auf dem benachbarten plac Lotników steht eine Kopie des berühmten Reiterstandbilds Bartolomeo Colleonis (um 1400-1475) von Andrei del Verrocchio in Venedig. Die Kopie wurde 1913 für das Stettiner Stadtmuseum geschaffen und stand dort im Kuppelsaal. 1948 gelangte sie nach Warschau, 2002 wurde sie nach Stettin zurückgeholt. Vom plac Lotników verläuft die aleja Papieża Jana Pawła II (Kaiser-Wilhelm-Straße) in Richtung plac Grundwaldzki. Im polnischen Stettin hieß die Straße aleja Jedności Narodowej (Allee der Nationalen Einheit), bis sie zum Gedenken an den Papst-Besuch 1987 ihren heutigen Namen erhielt. Sie ist eine der Hauptsichtachsen der Stadt mit einer Gesamtlänge von 1,2 Kilometern. Ein Teil der alten, während des Krieges zerstörten Bebauung wurde als innerstädtisches Wohnviertel wiederaufgebaut. Der größere Teil stammt vom Ende des 19./ Anfang des 20. Jahrhunderts. Zahlreiche dieser repräsentativen Häuser stehen unter Denkmalschutz. Hier verläuft die Goldene Besichtigungsroute, die das Schloss der Pommerschen Herzöge mit dem Las Arkoński (Eckerberger Wald) verbindet. Diese Touristenroute ist mit kleinen goldfarbenen Täfelchen markiert, die leider nicht überall gut zu sehen sind. In den 1970er Jahren wurde die Fußgängerpromenade der aleja Papieża Jana Pawła II in eine Springbrunnenallee umgewandelt. Der Entwurf dafür stammt von Henryk Narda. 2007 wurde sie einschließlich der Cafés und

Biergärten gründlich renoviert. Seitdem ist die Promenade wieder eine der schönsten und beliebtesten der Stadt. Im Restaurant Paprykarz Fish Market am Ende der Springbrunnenallee kann man die Spezialität Paprykarz Szczeciński probieren. Sie wird hier nach eigener Rezeptur gefertigt und als Vorspeise angeboten (al. Papieża Jana Pawła II 42).

Stettin hat mit gleich zwei kulinarischen Köstlichkeiten Furore gemacht. Die unbestrittene Nummer 1 heißt Paprykarz Szczeciński (Stettiner Paprykarz) und ist eine Art Fischpastete. Erfunden wurde sie vom Tiefseefischerei- und Fischereidienstleistungsunternehmen Gryf. Durch die Herstellung des Paprykarz konnten Fischabfälle, die beim Ausschneiden von Fischwürfeln aus gefrorenen Blöcken entstehen, verwertet werden. Stettiner Paprykarz enthält etwa 40% gehacktes Fischfleisch, Reis, Zwiebeln, Tomatenmark, Pflanzenöl und Gewürze, darunter Paprika. Seit 1967 die erste Dose vom Band lief, trat die Fschpastete ihren Siegeszug um die Welt an und wurde in über dreißig Länder exportiert. 2010 wurde die Spezialität in die Liste der traditionellen Produkte aufgenommen. In Stettin gibt es die größte Auswahl, und Paprykarz Szczeciński kann hier in vielen Restaurants probiert werden.

Stettiner Paprykarz.

Nummer 2 ist das Stettiner Pastetchen, das ebenfalls seit 2010 auf der Liste der traditionellen Produkte steht und nach einer speziellen Rezeptur hergestellt werden muss. Das Pastetchen besteht aus gerolltem, gebratenem Hefeteig mit Fleisch- oder vegetarischer Füllung und hat eine knusprige Kruste. Am besten passt dazu stark gewürzter roter Barszcz, eine klare Suppe aus roten Beten. Stettiner

Pastetchen werden seit 1969 produziert. Der älteste Ort, an dem sie serviert werden, ist die Bar Pasztecik in der Wojska Polskiego 46. Die meisten großen Einkaufszentren der Stadt haben einen Pastetchen-Stand, und man kann sie auch als Fertiggericht kaufen.

Gegenüber dem Fisch- und Meeresfrüchterestaurant Paprykarz steht am Ende der Promenade das Matrosendenkmal. Es wurde 1980 vom Stettiner Bildhauer Ryszard Chachulski aus Kupferblech erschaffen. Der Matrose blickt auf den plac Grunwaldzki (Westend Kirchplatz, dann Kaiser-Wilhelm-Platz), dessen Geschichte bis in die 1860er Jahre zurückreicht. Damals entwickelte der Regierungsbaumeister James Hobrecht, der unter anderem das Stettiner Trinkwassernetz anlegen ließ und das Kanalisationssystem entwarf, den ersten Stadtbebauungsplan für diese Gegend. Ziel des Plans war die Verbindung der damaligen Stettiner Innenstadt mit dem exklusiven Westend-Viertel. Nach einigen Korrekturen an Hobrechts Plan wurde der Platz Ende der 1880er Jahre anstelle des 1884 geschlossenen Fort Wilhelms angelegt. Fortan bildete er den Mittelpunkt der im 19. Jahrhundert gegründeten Neustadt und wurde bis zum Beginn des 20. Jahrhunderts mit repräsentativen Mietshäusern umbaut. Heute ist der Platz mit seinen alten Bäumen, Bänken und Sitzgruppen eine grüne Oase im Kreisverkehr. Man kann ihn auf Spazierwegen umrunden, seltene Sträucher bestaunen, Schach spielen oder verweilen. Die Straßenlampen, die bei der letzten Renovierung des Platzes in den 1990er Jahren aufgestellt wurden, haben die alten Beleuchtungskörper aus den dreißiger Jahren zum Vorbild. Ob in den neunziger Jahren des 19. Jahrhunderts wohl jemand daran gedacht hat, dass Stettin etwas mit dem Oriongürtel und den ägyptischen Pyramiden verbinden könnte? Nach Meinung der Astrologen Edward und Małgorzata Gardasiewicz gibt es in der damaligen Provinz- und heutigen Wojewodschaftshauptstadt drei Plätze, die genauso angeordnet sind wie die Pyramiden von Gizeh im Verhältnis zum Niltal beziehungsweise wie die Gürtelsterne des Sternbilds Orion. Es sind dies Mintaka (Arndtplatz, heute plac Szarych Szeregów), Alnilam (Friedrich-Karl-Platz, heute plac Odrodzenia) und Alnitak (plac Grunwaldzki). Die Stadtväter machten sich diese Theorie zunutze und riefen im Mai 2009 das Projekt „Greif nach den Sternen in Stettin“ ins Leben. Informationstafeln wurden aufgestellt, der Film „Stettin – Stadt des Orions“ gezeigt und die Werbetrommel heftig gerührt.

Auf dem plac Grunwaldski laufen acht Straßen zusammen beziehungsweise strahlen von ihm aus. – Alnitak, Gürtelstern im Orion. Wer wird noch daran zweifeln? Al Nitak ist Arabisch und bedeutet Gürtel oder Perlenschnur. Wie Perlen an einer Kette reihen sich in den umliegenden Straßen prachtvolle Gründerzeithäuser aneinander. Überbordender Stuck an den Fassaden, Erker, Ziergiebel, Türmchen und filigrane Balkongitter fangen den Blick, man geht mit erhobenem Kopf, staunt und kann sich nicht sattsehen an all dem historisierenden Pomp. Hier ranken die Pflanzengirlanden des Jugendstils an einer Hauswand empor, dort hat das Neurokoko seine blumigen Spielereien hinterlassen, anderswo tragen müde Männerköpfe die Last wuchtiger Balkone. Der alte Geist dieses Viertels scheint eingefroren, der neue linst hier und da hervor. Immer mehr Häuser sind in den letzten Jahren liebevoll rekonstruiert worden. Und dort, wo das Grau noch überwiegt oder der abgeblätterte Putz die nackte Ziegelwand sehen lässt, blühen knallrote Geranien vor den Fenstern, stehen Sonnenschirme vor einem der zahlreichen Cafés. Es gibt sie hier noch, die kleinen gemütlichen Lokale und Kneipen, in denen Einheimische und Studenten verkehren, die Läden, die keine Massenware anbieten und nicht für die Masse gedacht sind, den Friseur von nebenan, den Uhrmacher und den Schuster. Wenn man im Sommer in der ul. Generała Ludomiła Rayskiego

(Kronprinzenstraße) eine Menschenschlange sieht, dann garantiert vor „Lody Marczak”, denn im Haus Nr. 25 befindet sich die beliebteste Eisdiele Stettins. Der Besuch von Eisdielen ist hier in den letzten Jahren populär geworden, und es werden immer mehr. An vielen Orten kann man phantastisches handgemachtes Eis essen, wobei die Auswahl an Eissorten und Eisdesserts einfach überwältigend ist. Auch Konditoreien sind in Stettin sehr beliebt. Freunde von Kuchen, Torten und Trinkschokolade können hier schwelgen und haben die Qual der Wahl. Gäste, die ein nostalgisches Ambiente bevorzugen, werden sich in der Cukiernia Koch in der ul. Jagiellońska 2 besonders wohlfühlen.

Das Schokoladencafé der Warschauer Traditionsfirma Wedel in der ul. Śląska.

Kurt Tucholsky (1890-1935) kam im Alter von drei Jahren mit Vater Alexander und Mutter Doris nach Stettin. Alexander Tucholsky war von Beruf Kaufmann und ein begabter Bankfachmann. Er arbeitete bei der Berliner Handels-Gesellschaft (BHG), die unter der Leitung Carl Fürstenbergs zu einer der führenden deutschen Banken im Unternehmensgeschäft wurde. Die allgemein als „Fürstenberg-Bank“ bezeichnete BHG finanzierte maßgeblich den Ausbau der Montanindustrie im Ruhrgebiet und der norddeutschen Werften. Als Hauptaktionär der Stettiner Maschinenbau Actien-Gesellschaft Vulcan wollte sie deren Ertrags- und Kapitallage verbessern und Neuinvestitionen vornehmen. Alexander Tucholsky siedelte 1893 mit seiner Familie nach Stettin über, um die Interessen der Bank nunmehr direkt vor Ort vertreten zu können. Die erste Wohnung der Tucholskys lag in der König-Albert-Straße 12, der heutigen Śląska. 1898 zog die Familie in ein vornehmeres Haus an der Kronprinzenstraße 29 (ul. Rayskiego). Beide Straßen gehen wie die Strahlen eines Sterns vom kreisrunden plac Grunwaldzki ab. Von dort führte Alexander Tucholskys täglicher Weg zur Lindenstraße (ul. 3-go Maja), wo sich die Stettiner Filiale der BHG befand. Auch die Börse in der Frauenstraße (ul. Panieńska) wird er häufig aufgesucht haben. Stettin, die größte und bedeutendste Stadt der Provinz Pommern, erlebte zu jener Zeit einen enormen wirtschaftlichen Aufschwung.

Kurt Tucholsky wurde Ostern 1896 eingeschult. Welche Schule er in Stettin besuchte, ist nicht bekannt. Um Familie und Haushalt kümmerte sich Mutter Doris, die mit ihrer Rolle offensichtlich nicht nur überfordert, sondern auch unzufrieden war. Kurt, der sich von ihr vernachlässigt fühlte, hatte nie ein gutes Verhältnis zu ihr und schilderte sie später als herrisch und launisch. Bereits als Kind zeigte er einen ausgeprägten Sinn für Schönes und fühlte sich mehr zu seinem friedfertigen, künstlerisch veranlagten und Klavier spielenden Vater hingezogen. Der dachte liberal, war humanistisch geprägt und sehr belesen. Kurts erste Schreibversuche erfüllten ihn mit Stolz, auch wenn die Themenwahl ihm sicher nicht immer behagt hat.

Kurt Tucholskys Wesen wurde vor allem durch die ländliche Umgebung Stettins geprägt: weite Wiesen und Felder, die ausgebreiteten Arme der Oder und jenseits davon die bewaldeten Buchberge. „Es roch richtig nach Land, die Wälder blauten am Horizont, aber so weit sahen wir wohl gar nicht: wir hatten so viel mit dem Nahliegenden zu tun! Teich und Plankenwagen und Misthaufen steckten voller Wunder – der Bach war unendlich lang, nie ging man bis an das Ende, das gab es gar nicht." (Bemmann, Helga: Kurt Tucholsky, S. 19) Wie wunderbar waren erst die sonntäglichen Dampferfahrten! Das Schiff glitt vorbei an Hafen-, Werft- und Industrieanlagen, passierte die Stettiner Dampfmühlen und fuhr hinaus in das grüne blühende Land. Bald war hier und da ein Dorf zu sehen, und im Osten schimmerte die schilfumsäumte Wasserfläche des Dammschen Sees. Nach etwa zwei Stunden Fahrt erreichte der Dampfer das Große Haff, und nach einer weiteren Stunde das beliebte Ostseebad Swinemünde (Świnoujście), wo man flanierte und Kaffee trank. Kurt liebte vor allem die Ostseeküste – es wurde eine Liebe fürs Leben. Im Frühjahr 1899 wurde Alexander Tucholsky nach Berlin abberufen, und die Familie musste ein weiteres Mal umziehen. Am Haus in der ul. Rayskiego erinnert eine Gedenktafel daran, dass Kurt Tucholsky in den Jahren 1897-99 hier gewohn hat.

Die Bogusław-Promenade (deptak Bogusława) bildet den nördlichen Abschnitt der ul. Księcia Bogusława X (Bogislavstraße), der als erster Straßenzug des gründerzeitlichen Stettins nach der

Die Bogusław-Promenade ist heute eine schmucke Fußgängerzone.

politischen Wende saniert und in eine schmucke Fußgängerzone verwandelt wurde. Mit ihren farbigen stuckverzierten Fassaden, Pflastersteinen und verschnörkelten Straßenlaternen mutet sie an wie eine Filmkulisse. Am Abend, wenn Einheimische und Touristen die Straßencafés, Biergärten und Nachtclubs besuchen, sprudelt hier das Leben. Im Sommer finden Konzerte und Freilichtveranstaltungen statt, Straßenkünstler treten auf. Die Bogusław-Promenade endet am plac Zgody (Bismarckplatz), der von der aleja Wojska Polskiego (Falkenwalder Straße), der längsten Straße Stettins, durchschnitten wird. Sie führt zum plac Zwycięstwa (Am Berliner Tor, Platz der Republik, Hohenzollernplatz) mit seinen beiden Kirchen. Die Sankt-Adalbert-Garnisionskirche (Kościół Garnizonowy pw. św. Wojciecha, früher Bugenhagenkirche) wurde in den Jahren 1906 bis 1909 nach Plänen des Architekten und Baurats Jürgen Kröger (1856-1928) aus roten Klosterformatziegeln erbaut. Kröger wurde vor allem als Baumeister evangelischer Kirchen bekannt und bevorzugte auch in Stettin den neugotischen Stil. Die Bugenhagenkirche war die wichtigste evangelische Kirche der Neustadt, ihr 65 Meter hoher Turm weithin sichtbar. Das Hauptschiff hat schöne Netzgewölbe und ist an allen drei Seiten von Emporen umgeben. Von der ursprünglichen Ausstattung sind noch die Kanzel und der neugotische Hauptaltar des Berliner Bildhauers Robert Schirmer (1850-1923) vorhanden. Beide wurden aus hellgrauem Kalkstein (Savonnières) gefertigt, die Altarbilder sind Arbeiten des polnischen Künstlers K. Kośćmański aus dem Jahr 1955. Die Kanzel hat Kaiser Wilhelm II. gestiftet. Sie wurde genau an der Stelle des eingemauerten Grundsteins platziert. Ursprünglich hatte die Kirche farbige Glasfenster, die vom Berliner Glasmaler Carl Busch (1871-1948) unter Verwendung von Kathedralglas gefertigt worden waren. Sie wurden von Stettiner Bürgern gestiftet und zeigten Ereignisse der pommerschen Kirchengeschichte. Unter den dargestellten Persönlichkeiten war auch Johannes Bugenhagen (1485-1558), der 1534 die erste protestantische Kirchenordnung für Pommern verfasste. Nach dem Zweiten Weltkrieg wurde die stark beschädigte Kirche wieder aufgebaut. Die beiden Buntglasfenster, die den Tod des Heiligen Adalbert und die Heilige Cecilie darstellen, sind erst nach dem Krieg eingesetzt worden. Seit 1948 dient das Gotteshaus als Garnisionskirche. Bis 1945 erfüllte die Herz-Jesu-Kirche (Kościół Najświętszego Serca Pana Jezusa) gegenüber diesen Zweck. Sie wurde von 1913 bis 1919 nach Entwürfen des Stadtbauinspektors Adolf Stahl (um 1874-um 1915/1916) als erster Sakralbau Deutschlands in Stahlbetonbauweise errichtet. Als Vorbild diente die Garnisonskirche (heute Pauluskirche) in Ulm. Die Stettiner Herz-Jesu-Kirche ist eine quadratische Hallenkirche in moderner Reformarchitektur mit neuromanischen und neubarocken Elementen. Besonders markant ist der wuchtige hohe und breite Turm mit dem grünen Kupferdach. Die Kirche hat den Weltkrieg beinahe unversehrt überstanden. Danach wurde sie wie damals fast alle evangelischen Gotteshäuser katholisch geweiht und ihr Inneres den neuen liturgischen Bedürfnissen angepasst. Heute ist sie Pfarrkirche der gleichnamigen Pfarrei und Hauptkirche des Dekanats Szczecin-Śródmieście (Stettin-Stadtmitte). Das prächtige Jugendstilhaus gegenüber der Kirche (ul. Wojciecha 1, früher Karkutschstraße) entstand 1903 nach Plänen des Stettiner „Jugendstilarchitekten" Friedrich Liebergesell für den Transportunternehmer Albert Noetzel. Im Erdgeschoss befanden sich Geschäftsräume, darüber die Wohnung. Reiche Stuckaturen mit für den Jugendstil typischen Pflanzenmotiven schmücken die Fassade. Über den beiden Eingangstoren halten stilisierte Adler ein Netz in ihren Fängen, in dem ein Medusenkopf steckt. Liebergesell hat in den 1930er Jahren sowohl in der Stettiner Innenstadt als auch in den Villenvierteln über zwanzig weitere Wohnhäuser, Kaufhäuser und Geschäfte im Stil der Moderne entworfen, darunter auch einige Mietshäuser in

der Pestalozzistraße (ul. Bolesława Śmiałego).
Gleich hinter der Herz-Jesu-Kirche befindet sich an der Stelle des ehemaligen Alten Garnisonsfriedhofs der General-Władysław-Anders-Park (park im. gen. Władysława Andersa). Hier wachsen wertvolle Baum- und Straucharten wie Amur-Korkbaum und Schmalblättrige Ölweide. Wenn man über den weitläufigen plac Zwycięstwa weiter in Richtung Brama Portowa geht, kommt man am Denkmal des Lyrikers, Publizisten und Politikers Kornel Ujejski (1823-1897) vorbei, das 1945 aus Lwów (Lemberg, heute Lviv) nach Polen überführt wurde. Die am Sockel dargestellte angekettete Leier symbolisiert die versklavte Poesie im geteilten Polen. Unweit davon steht am plac Brama Portowa das Hafentor (früher Brandenburger bzw. Berliner Tor). Ebenso wie das Königstor (Brama Królewska) ist es ein ehemaliges Festungstor, das im 18. Jahrhundert nach Plänen des Festungsbaumeisters Gerhard Cornelius von Walrave in einen barocken Prunkbau verwandelt wurde. Die Außenseite erhielt eine barocke Supraporte mit Wappenschild und Monogramm des Königs. Ihre Ausschmückungen in Form von Trophäen, Waffen und Blitzstrahlen des Jupiters als Allegorien des Sieges beziehen sich auf die Antike. Die Inschrift lautet: „Fridericvs Wilhelmvs Rex Borrussiae Dvcatvm Stetinensem cessvm Brandenbvrgicis Electoribvs svb Clientelae Fide Pomeraniae Dvcibvs redditvm Post Fato ad Svecos delatvm Ivstis pactis ivstoqve pertio ad Panim vsque emit paravit sibiqve restitvit Anno MDCCXIX“ („Friedrich Wilhelm, König von Preußen, kaufte das Herzogtum Stettin, welches den brandenburgischen Kurfürsten übertragen und den Herzögen von Pommern unter ihre Lehnhoheit zurückgegeben wurde und welches im späteren durch das Schicksal an Schweden gekommen war. In gerechten Verträgen und zu einem gerechten Preis erwarb er es zur Peene und verleibte es in seinem Staate wieder ein im Jahre 1719 und ließ dieses Brandenburger Tor erbauen.“) Die kunstvolle Bauplastik hat Bartolomé Damart

ausgeführt. Anfang des 20. Jahrhunderts wurde die Stadtseite des Tores geschlossen und durch den Bildhauer Reinhard Felderhoff zu einem neubarocken Brunnen umfunktioniert, der später wieder verschwand. Heute befindet sich im Tor die Miniaturbühne des Kammertheaters Stettin.

Gerhard Cornelius von Walrave (Walrawe oder auch Walrabe) wurde vermutlich 1692 in Warendorf an der Ems geboren und starb am 16. Januar 1773 in Einzelhaft in der Festung Magdeburg. Bereits im jugendlichen Alter leistete er als Festungsingenieur sieben Jahre Militärdienst in den Generalstaaten, dem Parlament des Königreichs der Niederlande. Mit 23 Jahren wechselte er auf Empfehlung des Fürsten Leopold I. von Anhalt-Dessau (1676-1747), dem „alten Dessauer", als Major in preußische Dienste über. Am 7. August 1722 wurde Walrave zum Oberstleutnant befördert und am 11. Oktober in den Adelsstand erhoben. Der preußische König Friedrich Wilhelm I. (1688-1740) übertrug ihm 1729 das Kommando über das Corps des Ingénieurs (Ingenieurkorps) und beförderte ihn wenig später zum Oberst. Walraves Ruf und Stellung gründeten auf seinen Leistungen als Festungsbaumeister in Magdeburg, Wesel und Stettin. 1733 wurde nach seinen Plänen die verfallene Reichsfestung Phillipsburg in einen verteidigungsfähigen Stand gesetzt. Obschon es daran vieles zu bemängeln und zu ändern gab, war er beim preußischen König und dem Fürsten von Anhalt-Dessau nach wie vor beliebt, jedoch nicht im Offizierskorps und ebenso wenig bei der Bürgerschaft und den Beamten. Die große Missstimmung gegen ihn in seinen Kreisen lag an seinem persönlichen Verhalten und der Art und Weise, wie er seine Dienstgewalt ausübte. Auch König Friedrich II. (1712-1786) war ihm gegenüber zunächst sehr großzügig. Er ernannte ihn am 4. Mai 1741 zum Generalmajor und im folgenden Jahr zum Kommandeur des in Neiße (Nisa) stationierten

Pionierregiments, welches von da an das „Walravsche" hieß, und verlieh ihm den neu gestifteten Orden Pour le Mérite. Während des Zweiten Schlesischen Krieges war von Walrave in Böhmen tätig. Er sandte dem preußischen König Berichte über die Bewegungen der Österreicher zu und verschaffte sich die Erlaubnis, den Palast des Grafen Gallas in Prag auszurauben. Den reichen Hausrat ließ er auf sein Landgut Liliput in der Nähe von Magdeburg transportieren. 1745 wurde er in das nunmehr von den Österreichern bedrohte Neiße zurückkommandiert. Als diese sich gegen Cosel (Koźle) wandten und die Festung durch Verrat einnahmen, wurde er dorthin befohlen, um die Belagerungsarbeiten zur Wiedereroberung zu leiten. Dass er selbst an diesem Verrat beteiligt war, ihn sogar inszenierte, belegen Dokumente.

Nach Abschluss des Dresdner Friedens im Dezember 1745 sank von Walraves Stern rasch. Fürst Leopold von Anhalt-Dessau meldete dem König, dass Walraves Berichte nicht korrekt waren. Infolgedessen entzog ihm König Friedrich nach und nach seine Gunst. Im Jahr 1747 beauftragte er ihn, ein „Mémoire sur l'attaque et la défense des places", eine „Denkschrift über den Angriff und die Verteidigung fester Plätze" (will sagen: Festungen) zu verfassen. Diese Denkschrift fand beim König großen Beifall und floss in die „Instructionen für die Festungskommandanten" ein. Noch im selben Jahr geriet von Walrave durch seine verschwenderische Lebensweise in Konkurs und versuchte nun, sich durch den Verkauf seiner unrechtmäßig erworbenen Kunstschätze die nötigen Geldmittel zu verschaffen. Dazu knüpfte er Kontakte mit dem sächsischen Gesandten von Bülow und dem russischen Gesandten von Keyserlinck. Unterdessen erfuhr König Friedrich, dass von Walrave für den österreichischen Gesandten Graf Bernes einen Entwurf zur Befestigung der Stadt Wien ausgearbeitet hatte und ihm sogar den von Preußen als geheim eingestuften Entwurf seiner Denkschrift überlassen hatte. Im Januar 1748 erhielt der Generaladjutant General Hans Karl von Winterfeldt den Befehl, eine Untersuchung der durch von Walrave geleiteten Festungsbauten vorzunehmen und letzteren in seinem Verkehr mit den fremden Gesandten überwachen zu lassen. Noch im selben Monat meldete Winterfeldt dem König, dass von Walrave eines Betruges von 41 612 Talern klar überführt worden sei und diesen nicht leugnen könne. Daraufhin wurde von Walrave in Berlin verhaftet und sofort nach Magdeburg überführt, wo er in strenge Haft genommen wurde. Ein gerichtliches Verfahren hat nie stattgefunden.

Die Haupteinkaufsstraße im Stadtteil Centrum ist wie schon in Vorkriegszeiten die heutige aleja Niepodległości (Grüner Paradeplatz), die administrativ auch zu Stare Miasto und Nowe Miasto gehört. Sie wurde zu Beginn des 19. Jahrhunderts als breite, mit Bäumen bepflanzte Promenade auf dem ehemaligen Festungsareal angelegt. Die urprüngliche Bebauung fiel den Luftangriffen des Zweiten Weltkriegs fast komplett zum Opfer. An der östlichen Straßenseite steht noch das ehemalige Warenhaus Odzieżowiec, vor dem Krieg das Kaufhaus der Gebrüder Horst. Es wurde von den Architekten Ernst Stoffers und Friedrich Liebergesell projektiert und vom Beginn des 20. Jahrhunderts bis 1939 in mehreren Etappen erbaut. Auf der westlichen Straßenseite blieb das historische Postgebäude erhalten. Der neugotische Ziegelbau mit seinen zwei Innenhöfen wurde von 1902 bis 1905 unter der Bauleitung von Postbaurat Otto Hintze als Sitz der Oberpostdirektion errichtet. Der Fassadenschmuck besteht vor allem aus glasierten Ziegeln. Heute befindet sich hier das Postamt Nr. 1. Biegt man am Postgebäude in die ul. Bogurodzicy (Greifenstraße) ein, gelangt man zu einer weiteren neugotischen Kirche aus rotem Ziegelstein. Es ist die Basilika Sankt Johannes der Täufer oder Johannesbasilika (Kościół św. Jana Chrziciela). Die dreischiffige Hallenkirche auf dem Grundriss eines lateinischen Kreuzes wurde von 1888 bis 1890 nach Plänen des Berliner Architekten Engelbert Seibertz (1865-1929) aufgeführt. Seit der Reformation war sie eine der ersten römisch-katholischen Kirchen in Pommern und bis 1931 die einzige in Stettin. In der Zwischenkriegszeit fanden hier einmal im Monat Gottesdienste in polnischer Sprache statt. Während der alliierten Luftangriffe 1944 wurde die Johannesbasilika teilweise zerstört. Die neugotische Ausstattung blieb erhalten, ebenso die Polychromie in der Vorhalle, welche die vier Evangelisten darstellt. An den Gewölben wurde die originale Ausmalung der zwanziger Jahre, ein Sternenhimmel, rekonstruiert. Wie an manchen mittelalterlichen Kathedralen haben die Wasserspeiher an den Ecken und Portalen der Kirche die Form geflügelter Drachen. Die schönen Bronzetüren des Haupteingangs projektierte Professor Czesław Dźwigaj. Vor dem Gebäude wurden Anfang dieses Jahrhunderts eine Skulptur des Kardinals Stefan Wyszyński sowie ein Denkmal für die Märtyrer des Zweiten Weltkriegs (Piéta) aufgestellt. Beide sind Werke polnischer Bildhauer.

Das Denkmal für die Märtyrer des Zweiten Weltkriegs vor der Basilika Sankt Johannes der Täufer.

Hinter der ul. Bogurodzicy steht an der al. Niepodległości ein weiteres Gebäude, das den Krieg überdauert hat und im Denkmalregister verzeichnet ist: Es ist der ehemalige Sitz der Pommerschen Landschaft und der Generallandschaftsdirektion (Pałac Ziemstwa Pomorskiego),

Das Gebäude der Pommerschen Landschaft wurde von Emil Drews im Stil des Wilhelminischen Barocks errichtet.

einer Pfandbriefbank, die von 1781 bis 1945 in Pommern bestand. Das monumentale Bauwerk wurde in den 1890er Jahren nach Plänen des Stettiner Architekten Emil Drews auf dem Gelände der abgetragenen Königsbastion errichtet. Mit seiner üppig verzierten Fassade und dem Säulenportikus mit Auffahrt und Balkon sieht es aus wie ein wilhelminisches Palais. In den Ecken des Balkons wachen die Statuen eines Bauern und eines Ritters. Sie symbolisieren die ritterliche Herkunft der Gutsbesitzer. Im Tympanon ist das Wappen des Herzogtums Pommern zu sehen. Auf dem Tympanon sitzt ein Greif, der ein Schild mit den Initialen des preußischen Königs Friedrich II. hält. Nach dem Zweiten Weltkrieg wurde das Gebäude von verschiedenen Banken genutzt. Bis 2014 hatte hier die PKO BP ihren Sitz, gegenwärtig gehört es der Akademie der Künste. Zahlreiche Innenräume haben ihr ursprüngliches Aussehen bewahrt.

In unmittelbarer Nähe des Gebäudes befindet sich die Galeria Kaskada. Das moderne dreistöckige Einkaufszentrum hat auf 43 000 Quadratmetern Fläche mehr als 140 Läden und Verkaufsstände sowie diverse Restaurants. Von hier aus sind es nur noch wenige Schritte bis zum plac Żołnierza Polskiego, wo die al. Niepodległości in die al. Wyzwolenia übergeht.

Vom Grunwaldzki-Platz zum Kasprowicz-Park

Am plac Grunwaldzki beginnt der neugestaltete Abschnitt des Fußgängerboulevards, der entlang der aleja Papieża Jana Pawła II weiter durch den Stadtteil Śródmieście-Północ (Stadtmitte-Nord) in Richtung Rathaus verläuft. Rabatten wurden angelegt, Skulpturen, Bänke und neue Abfallbehälter aufgestellt. Ein Vorzeigeboulevard ist hier entstanden, eingerahmt von schmucken Mietshäusern der Gründerzeit. Eine architektonische Perle im nordöstlichen Abschnitt der Straße ist der rote Ziegelbau des Rektorats der Stettiner Universität. Das ehemalige König-Wilhelm-Gymnasium wurde in den 1880er Jahren nach Plänen von Richard Rönnebeck errichtet und erinnert an ein Schloss der nordischen Renaissance. Ein Blickfang ist der Monumentalrisalit mit seiner halbkreisförmig geschlossenen Nische, die mit einer farbigen Keramikbeschichtung verziert ist. Den baulichen Abschluss des Boulevards bildet das Grüne Rathaus, das schon von weitem zu sehen ist. Kurz vorher passiert man noch einen vier Meter hohen Pommerschen Greifen aus Kunststein. Dieses mysthische Wesen – halb Löwe und halb Adler – ist das Symbol Westpommerns und in Stettin allgegenwärtig. Auf der al. Papieża Jana Pawła II steht das bekannteste Exemplar. Seine Schöpferinnen sind die Stettiner Künstlerinnen Leonia Chmielnik und Anna Paszkiewicz, von denen auch das Bogislaw-Denkmal am Schloss stammt. Das Projekt wurde 1971 vom Verein der Freunde Szczecins (Towarzystwo Przyjaciół Szczecina) initiiert, die Enthüllung der Skulptur erfolgte im Jahr darauf.

Das Grüne Rathaus ist Sitz der Stadtverwaltung Stettins. Die Monumentalanlage entstand von 1925 bis 1927 nach Plänen des Architekten Georg Steinmetz (1882-1936) als Sitz der Pommerschen Provinzialregierung, den Baugrund hatte der Kommerzienrat Martin Quistorp 1924 gekauft. Stilistisch lehnt sich der Gebäudekomplex an den preußischen Barock an. Auch seine Ausrichtung bezieht sich auf barocke Residenzen, nämlich „zwischen Hof und Garten". Die Fassaden sind mit architektonischen Details aus hellem, teils vergoldeten Sandstein verziert. Links und rechts vom Haupttrakt des Gebäudes führt jeweils ein Durchgang in Richtung Park. 1925 kam der Ostflügel hinzu, in dem mehrere Kassen und ein Tresorraum untergebracht waren. Im 1926 angefügten Westflügel befanden sich die repräsentativen Sitzungsräume für das Oberpräsidium der Provinz Pommern und den Provinziallandtag. 1927 wurde hinter dem Kassengebäude ein zweiter Ostflügel angebaut. An der Schubertstraße (ul. Świętego Jacka Odrowąża) entstand von 1936 bis 1938 ein weiterer Gebäudeteil für die NSDAP. Am 5. Juli 1945 übernahm Piotr Zaremba im ehemaligen Sitz der Provinzialregierung sein Amt als polnischer Stadtpräsident. Neun Jahre später wurde der Westflügel zur Mieczysław-Karłowicz-Staatsphilharmonie umgestaltet. Da das Gebäude grün war, wurde es im Volksmund als „Spinatpalast" bezeichnet. Nachdem in den sechziger Jahren eine dünne Zementmörtelschicht auf den alten Putz aufgetragen worden war, sah es grau aus. Das ursprüngliche Grün wurde bei umfangreichen Renovierungsarbeiten im Jahr 2013 wiederhergestellt.

Das Grüne Rathaus ist der Sitz der Stadtverwaltung Stettins.

Gleich hinter dem Grünen Rathaus weitet sich der Blick. Vor einem liegt die lichtdurchflutete Parkaue Jasne Błonia. Bis 1945 hieß die Anlage nach dem Gründer der Villenkolonie Westend, Johannes Quistorp, Quistorp-Aue. Sie besteht eigentlich nur aus einer weiträumigen rechteckigen Rasenfläche, die von zwei Platanenalleen eingefasst wird. Doch was für Platanen! Sie sind nicht nur riesig, üppig und weisen zum Teil pittoreske Formen auf, sie stellen auch die größte Platanengruppe in Polen dar. Viele Menschen zieht es besonders im Frühjahr in die Jasne Błonia. Dann blühen unter den ausladenden Bäumen Abertausende von Krokussen – eine Wonne für Auge und Herz. Es sieht aus, als würden sich entlang der Wege lila Flüsse mit weiß-gelben Ufern ergießen. Die Jasne Błonia waren im polnischen Stettin aber auch immer wieder ein Ort für politische Manifestationen und staatlich organisierte Feiern. Nikita Chruschtschow hielt hier 1956 eine Rede und Papst Johannes Paul II. zelebrierte am 11. Juli 1987 eine Messe unter freiem Himmel, an der hunderttausende Gläubige teilnahmen. Seit 1995 steht nahe der Stadtverwaltung das Papst-Denkmal. Seine Schöpfer sind Czesław Dźwigaj, Professor an der Kunstakademie in Krakau, und Stanisław Latour.

Die Skulptur „Pommerscher Greif" auf der aleja Papieża Jana Pawła II.

Krokusblüte in Jasne Błonia.

Über die ul. Piotra Skargi gelangt man von Jasne Błonia in den Kasprowicz-Park (Park Jana Kasprowicza), den größten der Stadt. Gleich an seinem Anfang steht auf einer Anhöhe das 1979 enthüllte Monumental-Denkmal für die Ruhmestaten der Polen

Das Denkmal für die Großtaten der Polen wird auch als „Die drei Adler" bezeichnet.

(Pomnik Czynu Polaków), das allgemein als „Die drei Adler" bezeichnet wird. Jeder einzelne wiegt um die 20 Tonnen und stellt eine Generation der Polen dar, die in Stettin lebte. Autor des Projekts war der 1931 geborene Gustaw Zemła, der sich insbesondere auf monumentale und sakrale Bildhauerei spezialisiert hat. Seine zutiefst christlichen und in antiken Traditionen stehenden Werke sprechen in Symbolen und Metaphern. Vom Denkmal hat man eine schöne Aussicht auf den Stadtteil Niebuszewo-Bolinko (Grünhof) und darüber hinaus. Der Hauptweg, die ul. Juliana Fałata, führt von hier in Richtung Sommertheater und Rosengarten. Die Entstehung des weitläufigen Kasprowicz-Parks ist ebenso wie die des angrenzenden Villenviertels dem Großunternehmer und Zementfabrikanten Johannes Quistorp (1822-1899) zu verdanken. Der ursprünglich nach ihm benannte Quistorp-Park war ein Vergnügungsort für die Städter. Quistorp gehörten nordwestlich von Stettin umfangreiche Ländereien. Ein 40 Hektar großes Areal, das sich für die Bebauung nicht eignete, liess er in einen Obstgarten umwandeln. In seinem Testament bestimmte er, dass dieser Obstgarten als Erholungsgebiet für die Stettiner umgestaltet werden sollte. Dementsprechend ließ sein Sohn Martin Quistorp zu Beginn des 20. Jahrhunderts einen Park anlegen, den er 1908 der Stadt schenkte. Der ausgedehnte Quistorp-Park mit seinen verschlungenen Wegen, Wiesen und Aussichtsplattformen bot vielfältige Attraktionen für das Volk: eine Miniatur-Alpenlandschaft mit Brücke, Berghütte und Aussichtspunkt, einen Reitweg, den Westendsee (Rusałka), seltene und exotische Pflanzen sowie diverse Lokale.

Die ul. Juliana Fałata führt an der Skulptur „Flammende Vögel" von Władysław Hasior vorbei, die hoch über dem Rusałka-See am Wiesenhang steht. Die Vögel ließen sich 1975 am nordöstlichen Hang des Schlosshügels nieder. Anlass dafür war eine Ausstellung der Werke des Künstlers. Später wurden sie am pl. Zgody aufgestellt und fanden letztendlich im Kasprowicz-Park ihre endgültige Heimat. In der Nähe der Skulptur befindet sich das Sommertheater (Teatr Letni w Szczecinie im. Heleny Majdaniec). Es wurde in den 1970er Jahren nach Plänen von Zbigniew Abrahamowicz (1938-1990) errichtet und gehört zu den größten seiner Art in Polen. Charakteristisch ist der hohe, parabolische Betonbogen, der die Bühne einfasst und das Dach trägt. Vorbild für diesen Bogen war der Gateway Arch des finnisch-amerikanischen Architekten Eero Saarinen (1910-1961) in Saint Louis. Der Zuschauerbereich in Form eines Amphietheaters wurde an den natürlichen Hang am Rusałka-See gebaut. Zahllose Veranstaltungen und Konzerte fanden hier statt. Bis 2022 wurde das Sommertheater umgebaut und modernisiert. Das Konzept hierfür erarbeitete das Architekturbüro Flanagan Lawrence aus London, die bauliche Ausführung übernahm die Firma Adamietz. Schneeweiß, umrahmt von dunklem Grün, ist das Theater etwas ganz Besonderes. Und wenn es dunkel wird erstrahlt es in vielerlei Farben.

Hoch über dem Rusałka-See stehen die „Flammenden Vögel" von Władysław Hasior.

Vom Sommertheater führt die ul. Juliana Fałata weiter zum Rosengarten. Dieser wurde 1928 als Rosarium mit 8000 Rosenstöcken angelegt. Der Entwurf dafür stammt vermutlich vom Stadtbaurat Karl Weishaupt, der auch die Quistorp-Aue geplant hat. Heute heißt der wieder instandgesetzte Rosengarten „Różanka".

Das Sommertheater im Kasprowicz-Park ist der Stolz Stettins.

Im Sommer finden hier kostenlose klassische Konzerte statt. Den Wildgänsebrunnen schuf der pommersche Künstler und Hochschullehrer Kurt Schwerdtfeger (1897-1966), der von 1925 bis 1937 an der Stettiner Kunstgewerbeschule die Bildhauerklasse leitete. Vom Rosengarten kann man zurück in den Kasprowicz-Park und auf einem der Wege hinunter zum Rusałka-See spazieren. Im Mittelalter wurde hier das Wasser des Mühlbachs (Osówka) zwischen zwei Mühlen künstlich aufgestaut, der Malz-Mühle am östlichen und der Lübschen Mühle am westlichen Ende. Seine heutige Form erhielt der etwa drei Hektar groß See, nachdem sein Wasser 1885 ein weiteres Mal angestaut wurde. Anfang des 20. Jahrhunderts wurde die Malzmühle von Quistorp erworben und in ein Ausflugslokal umgewandelt. Im Sommer konnte man auf dem See Boot fahren und im Winter Schlittschuh laufen. Die Mühlen und das Restaurant existieren nicht mehr, auch nicht die hübschen Aufbauten der Brücke an der ul. Juliusza Słowackiego (Mühlenstraße). Über die Brücke gelangt man in den dendrologischen Garten Niemierzyn (Ogród Dendrologiczny im. Stefana Kownasa). Das Arboretum hat eine Fläche von 15,5 Hektar und wurde in den 1970er Jahren auf dem eingeebneten Nemitzer Friedhof angelegt. Alte Bäume mit dichten Kronen säumen die ehemaligen Friedhofsalleen. Über achtzig Gattungen von Gehölzen sind hier zu finden, darunter einige seltene Arten von Nadelbäumen. Nahe der ul. Niemierzyńska (Nemitzer Straße) wächst ein Naturdenkmal – eine von Efeu umschlungene mächtige Esche.

Gegenüber dem dendrologischen Garten befindet sich in einem ehemaligen Straßenbahndepot das Stettiner Museum für Technik und Kommunikation (Muzeum Techniki i Komunikacji, Niemierzyńska 18A). Schwerpunkt ist die Sammlung von Automobilen und anderen Erzeugnissen der Firma Stoewer aus dem Stoewer-Museum in Wald-Michelbach. Das Museum wurde dort von einem gebürtigen Stettiner privat betrieben. 2019 erwarb das Museum für Technik und Kommunikation in Stettin die Sammlung. Neben der Stoewer-Sammlung zeigt das Museum auch polnische Autos, historische Straßenbahnen, Autobusse, Motor- und Fahrräder sowie Exponate zu den Themen Elektronik und Telekommunikation.

Die Stoewers waren begabte Erfinder und tüchtige Unternehmer, die in zwei Generationen ein Imperium im Bereich des Maschinenbaus aufbauten. Die 1858 von Bernhard Stoewer gegründete Feinmechanische Reparaturwerkstatt stellte zunächst Nähmaschinen her, später auch Fahrräder und Schreibmaschinen. 1896 wurde das Stettiner Eisenwerk Bernhard Stoewer sen.

gegründet, das Teile für die Fahrradproduktion sowie Gussöfen herstellte. 1898 kam die Produktion von Motordreirädern hinzu. Als die Söhne Bernhard Stoewer jun. und Emil Stoewer im Jahre 1899 das Eisenwerk übernahmen, wurde es in Gebrüder Stoewer, Fabrik für Motorfahrzeuge umbenannt. Im selben Jahr stellten sie das erste Modell ihres Großen Stoewer Motorwagens vor und gehörten somit zu den Pionieren des deutschen Automobilbaus. 1916 wurden die Werke in eine Aktiengesellschaft umgewandelt. Später bauten die Gebrüder Stoewer auch Traktoren. Die Stoewer-Werke entwickelten sich zeitweilig zu Deutschlands größter Automobilfabrik, die sich besonders in den 1920er Jahren mit ihren hochwertigen Luxuswagen einen Namen machte. Da das Unternehmen auf Qualität und nicht auf Masse setzte und zudem über eine solide finanzielle Basis verfügte, hat es auch die Weltwirtschaftskrise gut überstanden. Nach dem Zweiten Weltkrieg wurden das Werk liquidiert und die Produktionsanlagen als Reparation in die Sowjetunion verbracht.

Auf dem Stoewer-Gelände entstanden in den fünfziger Jahren die Stettiner Motorradwerke, in denen die legendären Junaks zusammengebaut wurden. Die Junak war das einzige Motorrad mit einem Viertaktmotor, das in Polen hergestellt wurde – eine große, schwere, schöne Maschine, die mit ihrem dröhnenden Motor eine damals sensationell hohe Geschwindigkeit von 100 Stundenkilometer erreichte. Sie galt als „polnische Harley" und war an der Wende der fünfziger/sechziger Jahre der Wunschtraum vieler junger Menschen. Bis zur Einstellung der Produktion 1964 wurden in Stettin 90 000 Motorräder verschiedener Modelle gebaut. Motorrad-Fans gründeten den Motorclub Junak und übten auf der neu angelegten Motocrossbahn an der al. Wojksa Polskiego. Schon bald konnte der Club internationale Erfolge feiern. Die Junak hat noch heute ihre Liebhaber.

Villen im Wandel der Zeit

Stettin hat mehrere Villenviertel. Die Tour in das ehemalige Westend und Neu-Westend führt durch die Stadtteile Śródmiejście-Północ, Łękno und Pogodno und lässt sich mit einem Besuch des Kasprowicz-Parks (s. Tour 7) verbinden. Das Stettiner Westend entstand Mitte des 19. Jahrhunderts nach dem Vorbild der gleichnamigen exklusiven Villenvororte in London und Berlin. Es lag zwischen der Kreckower Straße (ul. Mickiewicza) im Süden, der Falkenwalder Straße (al. Wojsko Polskiego) im Norden sowie der Alleestraße (ul. Wawrzyniaka) und der Eisenbahnlinie im Westen. Heute wird die Gegend von Einheimischen schlichtweg als Pogodno bezeichnet. Wenn man durch die beschaulichen Straßen (Mickiewicza, Piotra Skargi, Gorkiego, Soplicy, Zaleskiego und Królowej Korony Polskiej) wandert, könnte man glauben, sich weit weg von der Großstadt in einem Erholungsort zu befinden. Verträumte Villen in blühenden Gärten, Vogelgezwitscher, schattenspendende Alleebäume und immer wieder ein kleiner Park – polnische Dichter der Nachkriegszeit fanden hier ihre Inspirationen. Nach wie vor besitzt das alte Westend einen außerordentlichen architektonischen Wert. Allein in der aleja Wojska Polskiego, der früheren Falkenwalder Straße, stehen 16 Gründerzeitvillen unter Denkmalschutz, zwei davon samt ihren Gärten. Früher wohnten hier viele Stettiner mit Rang und Namen. Bei den alliierten Luftangriffen des Zweiten Weltkriegs blieben die westlichen Villenviertel verschont. Am 13. Mai 1943 wurden lediglich Häuser zerstört, die an der Grenze von Westend und Stadtmitte standen. Nach dem Krieg wohnten in vielen der vornehmen Villen polnische Literaten, Künstler, Professoren, Wissenschaftler und andere Intellektuelle. Das Kulturleben blühte, Neues entstand. Während des wirtschaftlichen Niedergangs der

achtziger Jahre wurden Villen und öffentliche Anlagen vernachlässigt, die kleinen Läden im Souterrain oder Erdgeschoss zahlreicher Häuser verschwanden, die Ringbahn wurde nur noch für den Güterverkehr genutzt. Dafür brausten immer mehr Autos durch die bislang ruhigen Straßen. Das alte idyllische Westend schien im Getöse einer neuen Zeit zu versinken. In den letzten Jahren sind viele Villen aus ihrem Dornröschenschlaf erwacht. Sie wurden renoviert und die Grünanlagen wieder aufgewertet.

oben: Glasfenster im Treppenhaus der Villa Lentz.
unten: Villa Lentz. Im Spielzimmer blieb der farbige Stuck an der Decke erhalten.

Initiator des Bauvorhabens Westend war der Unternehmer Johannes Quistorp, der vor allem durch seine Zementfabriken in Lebbin (Lubiń), Stettin und Wolgast immer vermögender wurde. Er besaß auch eine Schamottefabrik bei Pölitz (Police), die Jasmunder Kreidebahn, eine eigene Reederei sowie umfangreiche Ländereien. Geistiger Stammvater der Quistorps war Johannes Quistorp der Ältere (1584-1648), Theologieprofessor und Prediger in Rostock sowie elfmaliger Rektor der Universität. Ihm folgten Generationen von Universitätsprofessoren, von denen die meisten ebenfalls Theologen und Pastoren waren. Johannes Quistorp kümmerte sich gemäß der Familientradition als einer der ersten deutschen Unternehmer um die sozialen Belange seiner Arbeiter und Angestellten und veränderte das Stadtbild Stettins nachhaltig.

Gemeinsam mit Heinrich Christoph Burmeister und August Horn gründete er die Gesellschaft Westend Stettin Bauverein auf Aktien, als deren Hauptaktionär er agierte. Dabei kamen ihm die Erfahrungen seines Bruders Heinrich zugute, der Teilhaber der Berliner Westend-Gesellschaft war. Im Juli 1871 erwarb die Stettiner Baugesellschaft die westlich und nordwestlich der Stadt gelegenen Güter Friedrichshof und Eckerberg und ließ das Terrain in großzügige Parzellen aufteilen, die genügend Raum für komfortable Luxusvillen mit Garten boten.

oben: Die Wände der zweigeschossigen Eingangshalle der Villa Lentz wurden mit Marmor verkleidet und mit Stuck verziert.
unten: Im Mauretanischen Zimmer der Villa.

In Friedrichshof ließ Quistorp das Mädchen-Pensionat und Lehrerinnenseminar Friedenshof und in Eckerberg das Ernst-Moritz-Arndt-Stift für Nervenkranke erbauen und auf eigene Kosten betreiben. Dort, wo sich die ul. Wawrzyniaka (Alleestraße) und die ul. Mickiewicza (Kreckower Straße) kreuzen, entstand ab 1868 die von Quistorp gestiftete Fürsorgeanstalt „Bethanien". An der Alleestraße wurden erst einmal eine evangelische Kirche und ein Diakonissenheim im neuromanischen Stil erbaut, dann ein Pfarrhaus und ein Frauenheim. Hier wurden Mädchen aus den Dörfern der Umgebung untergebracht und als Dienstmädchen ausgebildet. Ende des 19., Anfang des 20. Jahrhunderts erfolgte die Umwandlung der Anstalt in ein Krankenhaus. Um 1900 wurde das neue Männerkrankenhaus nach Plänen von Heinrich Hölling erbaut. Heute werden die einzelnen Gebäude unterschiedlich genutzt. Im Frauenkrankenhaus der Bethanienanstalt, das um 1905 entstand, ist die Hochschule für Europäische Integration (Wyższa Szkoła Integracji Europejskiej, ul. Mickiewicza 47) untergebracht. Das Bethanien-Gelände ist eine Station der touristischen Route „Auf Quistorps Spuren", die zum Gedenken an Johannes Quistorp und seinen Sohn Martin angelegt wurde. Beide wurden auf dem Friedhof der Bethanienanstalt beigesetzt.

Die ersten Häuser im Westend entstanden ab 1871 an der Hauptallee des neuen Stadtteils, der Falkenwalder Straße (ul. Wojska Polskiego). In unmittelbarer Nähe der Festungsmauern mussten sie entsprechend der Vorschriften noch in Holz- und Fachwerkbauweise errichtet werden. In weiter entfernten Straßenabschnitten entstanden Massivbauten. Nachdem Stettin entfestet worden war, gab es hinsichtlich der Größe und Bauweise der Häuser keine Einschränkungen mehr. Die Grundstückspreise schnellten nach oben. Als am 19. März 1874 ein neuer Bebauungsplan für die Stadt beschlossen wurde, der das ehemalige Festungsgelände mit einbezog, begann im Westend die zweite Bauphase. Die Deutsche Straße (ul. Wielkopolska) und der Arndtplatz (plac Szarych Szeregów) wurden angelegt und die Falkenwalder Straße bis zum Berliner Tor (Brama Portowa) verlängert. Als 1879 die ersten beiden Pferdestraßenbahnlinien ihren Betrieb aufnahmen, war dies der Anfang einer dauerhaften Verkehrsverbindung mit der Innenstadt.

Ein guter Ausgangspunkt für einen Spaziergang durch Westend ist der plac Szarych Szeregów, einer der fünf sternförmigen Plätze Stettins. Gleich neben dem Platz fällt die gelbe „Willa Ogrody" (ul. Wielkopolska 19) ins Auge, die 1878 von J. E. Decker in den Formen der Neurenaissance errichtet wurde. Sie steht im hinteren Teil des Gartens und hat als Schmuck an der Frontseite einen halbrunden Risalt mit Altan. In der Villa befinden sich heute Gästezimmer, ein Restaurant sowie Räumlichkeiten für diverse Veranstaltungen. Von J. E. Decker stammt auch das strahlend weiße Nachbargebäude mit der Hausnummer 18, heute Hotel Willa Flora. Die Villa Wojska Polskiego 64 ist einem palladianischen Landhaus nachempfunden. Sie wurde 1877 für den Kaufmann, Kunstsammler und Hobbykünstler Heinrich Stolting (1814-1884) errichtet, der seine umfangreiche grafische Sammlung dem Städtischen Museum Stettin testamentarisch vermachte. 1885 wurde die Villa unter ihrem damaligen Besitzer, dem Kaufmann Julius Tresselt, erweitert und im Inneren baulich verändert. Eine Garage und ein Stall kamen hinzu. In den 1930er Jahren bewohnte der Musikinstrumentenhändler Wilhelm Hoffmeister die Villa und führte hier einen stadtbekannten Musiksalon mit Kammerkonzerten. Im polnischen Stettin hatte hier lange Zeit das Puppentheater Pleciuga seinen Sitz, danach zog die Stettiner Künstleragentur ein. Derzeit steht die Villa zum Verkauf. In der restaurierten „Willa West Ende“ auf der gegenüberliegenden Straßenseite (Hausnummer 65) befinden sich das italienische

Honorarkonsulat, Gästezimmer (Bed & Breakfast) sowie ein Restaurant. Das Relief an der Fassade zeigt spielende Amoretten im Gefolge des Dionysos.

Das helle, vollständig mit Brettern verschalte Gebäude mit der Hausnummer 70 ist eines der ältesten des Villenvororts. Es wurde 1873 für August Horn, den Schwager Johannes Quistorps und Mitbegründer der Westend-Aktiengesellschaft, von Johann Karge entworfen und ist mit hölzernem Schnitzwerk im Schweizerstil geschmückt. Auf dem Grundstück standen auch Ställe und ein Gartenaltan. Nach dem Zweiten Weltkrieg wurde die Villa verstaatlicht und in mehrere Wohnungen aufgeteilt. Heute befindet sich darin ein Rehabilitationszentrum. Das grüne Holzhaus am Beginn der ul. Adama Mickiewicza kennt in Stettin wohl jeder. Hier eröffnete in den 1950er Jahren das Café Sorrento, das für den besten Kaffee der Stadt, seine große Auswahl an ungarischen und jugoslawischen Weinen sowie seine täglichen Tanzveranstaltungen berühmt war. Es war der Lieblingsort der Stettiner Bohème und gilt als Geburtsstätte des polnischen Bigbit (Big-beat). Im Juli 2017 wurde das „Sorrento" reaktiviert, ein Jahr später kamen ein kleines Musikmuseum sowie ein Restaurant mit einem Clubcafé in der Atmosphäre der sechziger Jahre hinzu. Hier gibt es Lifemusik und Konzerte beliebter polnischer Popstars. Im Flair jener Zeit sind auch die Gästezimmer eingerichtet.

Die denkmalgeschützte Villa Wojska Polskiego 72/Ecke Mickiewicza wurde 1910 von Rudolf Gille für den Kaufmann Karl Simon entworfen. Sie hat einen Eckturm mit bauchigem Helm und beherbergt heute eine medizinische Einrichtung. Die Villa gegenüber (Hausnummer 73) wurde 1875 von Karl Gerloff für den Kaufmann Hermann Weinreich und dessen Frau Theresa Charlotte, geborene Quistorp, erbaut. Sie war Sitz des Polnischen Radios Szczecin. Hinter der Villa steht das ehemalige Hochhaus des Polnischen Radios und Fernsehens, das derzeit zum 72 Meter hohen Sky Garden mit komfortablen Appartments umgebaut wird. Auffallend ist die gelbe eklektizistische Villa des Kaufmanns Fritz Hoerder an der Wojska Polskiego 76. Hoerder war Direktor der F. Crépin Getreidebrennerei und Preßhefefabrik AG, Stettin. Die phantasievollen Formen des Gebäudes, der Turm und die hohen Giebel erinnern an ein kleines Märchenschloss. In den Nachkriegsjahren wurden die Umzäunung des Grundstücks und die Orangerie entfernt, ebenso der Stuck in den Innenräumen des ersten Stocks. Das Parkett wurde durch Linoleum ersetzt. Im Parterre blieb die Originalausstattung weitgehend erhalten. Ab 2000 wurde die Villa von Grund auf renoviert. Die zweigeschossige Eingangshalle mit hölzernen Treppen, Boaserien und einer wunderbaren Polychromie auf dem Pseudogewölbe erhielt ihren alten Glanz zurück. Heute ist das Gebäude Sitz eines Katholischen Allgemeinbildenden Gymnasiums (Katolickie Liceum im. Św. Maksymiliana Kolbego Szczecin).

Die eklektizistische Villa des Kaufmanns Fritz Hoerder ist heute ein Katholisches Allgemeinbildendes Gymnasium.

Die Neurenaissance-Villa Wojska Polskiego 81 ist ein Prachtbau des Architekten E. J. Decker. Sie wurde 1880 für den Kaufmann A. Manasse gebaut. Im Giebel prangt der Kopf des Merkurs, dem griechischen Gott der Kaufleute. Das Gebäude ist heute ein Firmensitz. Ganz in der Nähe steht die pompöse Villa, die von

Die Villa Sorrento ist ein Musikclub mit Fremdenzimmern.

1888 bis 1889 für August Lentz, den Direktor und Mitinhaber der Stettiner Chamottefabrik AG, vormals Didier, errichtet wurde. Sie entstand nach Plänen des jungen Architekten Max Drechsler (1857-1892), der an der Baugewerbeschule in Leipzig und an der Dresdener Akademie der Künste studiert hatte. Drechsler schuf hier ein fast schon überladenes Gebäude, das sein Vorbild in der französischen Architektur des 17. Jahrhunderts findet. Den Geist des frühen Barocks ließ er durch üppige Prachtentfaltung wieder aufleben und steigerte ihn bis hin zur Maßlosigkeit. Die Innenräume sind mit Marmor, Stuck, Vergoldungen, Schnitzwerk, Malereien und Keramikfussböden ausgestattet und haben ihre Vorbilder in Versailles, Sanssouci und Alhambra. Sie sind ein bunter Mix aus verschiedenen Baustilen und Einflüssen und somit ein Paradebeispiel für den Eklektizismus in Europa. Von 1950 bis 2007 diente die Villa Lentz als Palast der Jugend. Von 2018 bis 2020 wurde das Baudenkmal aufwändig saniert, wobei umfangreiche konservatorische Arbeiten an der Originalausstattung der Innenräume durchgeführt wurden. Heute ist die Villa Lentz Sitz der eigenständigen Kulturinstitution SZCZECIN 2016. Hier finden Ausstellungen, Theateraufführungen und Konzerte statt. Man kann die Villa nach Voranmeldung besichtigen (al. Wojska Polskiego 84).

Die Villa Wojska Polskiego 90 ist ein Beispiel für den toskanischen Stil. Sie wurde 1872 für den Direktor der Schifffahrtsgesellschaft „Baltischer Lloyd", Carl Heinrich Samuel Schultz, erbaut und hat einen vierkantigen Turm. Gegenwärtig befindet sich in dem Gebäude der Stettiner Kultur-Inkubator (Szczeciński Inkubator Kultury). Die benachbarte Turmvilla entstand ebenfalls zu Beginn der 1870er Jahre (Hausnummer 92) und hat einen L-förmigen Grundriss. Sie gehörte Johannes Quistorp. Nach dessen Tod erbte sie sein Sohn Martin, der 1907 von Rudolf Gille zur Gartenseite einen Erker anbauen ließ. Nach dem Zweiten Weltkrieg war in der Villa lange Zeit eine Rettungsstelle eingerichtet. Heute befinden sich hier Arztpraxen.

Die Kirche der Heiligen Familie, früher evangelische Kreuzkirche, entstand 1929-1931 in der Werderstraße. Einen besonderen Effekt kreiierte der Architekt durch das Oberlicht im Presbyterium.

Die Villa Wojska Polskiego 93 entwarf der Architekt Karl Kupferschmidt für Bernhard Stoewer senior. Kupferschmidt war der „Hausarchitekt" der Familie. Er plante für sie neue Werkstätten auf dem Gelände der Automobilwerke sowie die Häuser der sogenannten Stoewersiedlung mit Wohnungen für Werksarbeiter. Das neugotische Schlösschen mit der Hausnummer 95 wurde 1875 nach Plänen von A. Igen für den Rentier W. Flügge erbaut. Es erinnert an ein englisches Landhaus und steht derzeit zum Verkauf. Die Villa in der Wojska Polskiego 97 errichtete der Architekt Carl Gerloff in den Jahren 1875 bis 1876 für sich selbst. Sie ist ein schönes Beispiel für den Neuklassizismus der zweiten Hälfte des 19. Jahrhunderts. Im Gebäude befindet sich ein Gesundheitszentrum. Dahinter ragt die kompakte Silhouette der römisch-katholischen Kirche der Heiligen Familie auf. Sie entstand von 1929 bis 1931 als evangelische Kreuzkirche in der Werderstraße (ul. Królowej Korony Polskiej) und ist die älteste von drei avantgardistischen Kirchen, die der Architekt Adolf Thesmacher in Stettin plante. Mit ihren Formen, ihrem mächtigen Turm und ihrer Klinkerfassade weckt sie Assoziationen an eine mittelalterliche Wehrkirche. Einen besonderen Effekt kreiierte der Architekt durch das Oberlicht im Presbyterium. Im Hauptaltar der Kirche wurde eine steinerne Madonnenfigur von Stanisław Raciborski aufgestellt. Die Christusskulptur in der Vorhalle ist ein Metallabguss nach Bertel Thorvaldsen vom Anfang des 20. Jahrhunderts. Sie befand sich ursprünglich auf der Grabstelle der Familie von Dewitz auf dem Hauptfriedhof.

Dem Kirchengrundstück gegenüber steht eine Werkbundvilla (ul. Królowej Korony Polskiej 9), die Friedrich Liebergesell für den Kaufmann Karl Staecker entwarf. Überquert man die Wojska Polskiego und geht ein kurzes Stück die Królowej Korony Polskiej weiter, sieht man auf der linken Straßenseite ein imposantes grünes Gebäude. Es wurde 1911 von Franz Plötz für die Landwirtschaftskammer der Provinz Preußen erbaut. Das Haus hat einen hohen Sockel, ein Walmdach und als Fassadenschmuck Stuckdekor. Die klassizistischen Villen Wojska Polskiego 99 und 101 waren von Anfang an zum Verkauf bestimmt. Letztere wurde 1872 auf einem Grundstück gebaut, das Johannes Quistorp gehörte. Das denkmalgeschützte Gebäude wurde unlängst renoviert und erhielt wieder seinen originalen Ocker-Farbton. Es ist Sitz einer medizinischen Einrichtung. Im Denkmalregister eingetragen ist auch die ehemalige Villa von Wilhelm Jahn (Hausnummer 111), die in den 1890er Jahren im Landhausstil errichtet wurde. Anmutig und verspielt wirkt die Villa an der Wojska Polskiego/Ecke ul.

Stanisława i Wandy Miłaszewskich (Droysenweg). Der Architekt Emil Kunigk errichtete sie 1895 bis 1896 für sich selbst und ließ dabei seiner Phantasie freien Lauf. Das Minischloss im Stil der Neugotik und Neurenaissance ist Sitz der Unabhängigen Selbstverwalteten Gewerkschaft (NSZZ „Solidarność" Westpommern). Den beiden Villen gegenüber liegt der plac im. Konstantego Ildefonsa

Gałczyńskiego mit dem gleichnamigen kleinen Park. Gałczyński war ein polnischer Dichter, der 1948/49 eine Villa in Neu-Westend bewohnte. An der Ecke al. Wojska Polskiego/Wawrzyniaka steht das 1997 enthüllte Denkmal der Verzauberten Kutsche, das sich auf Gałczyńskis berühmtestes Gedicht bezieht. Es wurde von Stanisław Bieżek konzipiert, aus Kupferblech gefertigt und auf Steine gestellt, die eine gepflasterte Straße symbolisieren.

Die eklektizistische Villa Wojska Polskiego 115 ist eine der letzten, die Ende des 19. Jahrhunderts nach historischen Stilvorbildern entstanden. Bei ihrem Bau hat der Architekt W. O. Zimmermann Elemente der Spätgotik und deutschen Renaissance miteinander verbunden. Errichtet wurde sie von 1897 bis 1898 für den Getreidehändler und Stadtrat Georg Grawitz. Sie hat den Zweiten Weltkrieg unbeschadet überstanden und wurde 1951 der neugegründeten Musik-Grundschule zugewiesen. Derzeit befindet sich in der Villa die Staatliche Tadeusz-Szeligowski-Musikschule 1. Gra-

Dieses phantasievolle Märchenschloss errichtete der Architekt Emil Kunigk für sich selbst. Heute hat hier die NSZZ „Solidarność" Westpommern ihren Sitz.

Die Villa in der Wojska Polskiego 115 ist heute eine Musikschule. Das sandgelbe Gebäude steht im „Operngarten".

des (Państwowa Szkoła Muzyczna I Stopnia im. Tadeusza Szeligowskiego w Szczecinie). 2015 wurde die Villa Grawitz mit EU-Fördermitteln umfangreich renoviert und modernisiert, wobei das besondere Augenmerk den reich ausgestatteten Innenräumen galt. Wer das Gebäude betritt, ist sogleich von der zweigeschossigen Halle mit den hölzernen Treppen und dem Kamin beeindruckt. Der ehemalige Salon ist nunmehr in zwei Teile geteilt, von denen der eine als Sekretariat und der andere als Lehrerzimmer genutzt wird. Eine Augenweide ist die Aula – das ehemalige Esszimmer mit Boaserien, Kamin und einer wunderbaren Kassettendecke. Etwas bescheidener wirken die ehemaligen Gäste-, Kinder- und Schlafzimmer im oberen Stockwerk. Zur Villa gehörte auch ein eingezäunter Garten, den die Firma Franz Plötz im Jahr 1935 anlegte. Durch den heutigen „Operngarten" mit seinen schönen alten Bäumen führt ein didaktischer Lehrpfad.

Wer hier die Besichtigung des ehemaligen Westends beenden möchte, kann ein paar hundert Meter zurück zur Straßenbahnhaltestelle Piotra Skargi laufen und von dort wieder in die Innenstadt fahren. Wer auch Neu-Westend erkunden möchte, fährt von der Haltestelle Piotra Skargi in die entgegengesetzte Richtung und steigt an der Haltestelle Łękno wieder aus. Hier beginnt der Stadtteil Pogodno.

Johannes Quistorp ließ ab 1893 nördlich von Westend zwischen der Delbrückallee (ul. Traugutta), dem Gottfried-Keller-Weg (ul. Przybyszewskiego), dem Liliencronweg (ul. Ostrawicka) und der Falkenwalder Straße ein weiteres kleineres Villenviertel mit dem Namen Neu-Westend anlegen. Auch dieses Areal hat ihm einst gehört. Für den Bau der Siedlung entstand am Uhlandweg (ul. Orląt Lwowskich) eine Fabrik, die Fertigbauteile herstellte. An der Falkenwalder Straße und am Liliencronweg wurden Unterkünfte für die Bauarbeiter errichtet. Neu-Westend sollte moderner und komfortabler sein als Westend. Es erhielt ein Siedlungskraftwerk und eine Pumpstation, um die Villen mit Strom und fließend Wasser zu versorgen. Wichtig für die künftigen Bewohner war auch die Verkehrsanbindung an die Innenstadt und an die Industriegebiete vor der Stadt. Also wurde die Ringbahn mit dem Bahnhof Westend (Łękno) angelegt, die heute nicht mehr in Betrieb ist. In Neu-Westend ließen sich vor allem jüngere Stettiner nieder, die neue Lebensformen und eine andere Architektur bevorzugten als die Älteren. Entsprechend wählten sie auch jüngere Architekten für den Bau ihrer Häuser. Anfang des 20. Jahrhunderts wurden Neu-Westend und Westend nach Stettin eingemeindet. Elektrizitätswerk und Pumpstation hatten ausgedient und wurden abgerissen. Das Gelände wurde von den Gebrüdern Stoewer erworben und Anfang der dreißiger Jahre mit Mehrfamilien-, Doppel- und Reihenhäusern bebaut.

Von der Straßenbahnhaltestelle geht man nach links in die ul. Ludwika Solskiego (Eichendorffweg), die zum plac Ojca Jakuba Wujka (Johannesplatz), dem zentralen Platz des früheren Neu-Westend, führt. Die Villa ul. Solskiego 1 wurde von 1901 bis 1902 von W. O. Zimmermann für den Finanzrat Franz Nickel in den Formen der Renaissance und des Barocks errichtet. Seitlich und hinter der Villa entstanden pittoreske Stallgebäude und eine Wagenremise. An der Ecke Solskiego/Krasickiego (Gustav-Freytag-Weg) steht eine historistische Villa aus dem Jahr 1900, die Karl Kupferschmidt entworfen hat. Hier lebte Quistorps zweite Ehefrau Mathilde nach dessen Tod. Die Villa Solskiego 2 wurde in den Jahren 1907 bis 1908 von Rudolph Gille für den Regierungsbeamten E. von Puttkamer erbaut. Gilles Werkbund-Villen zeichnen sich durch üppig gestaltete Formen und Liebe zum Detail aus. In den Jahren 1902 bis 1903 wurde die Villa Solskiego 3 von Heinrich Hölling für den Weingroßhändler Rudolf Krahnstöver errichtet. Sie ist ein Beispiel für den ländlichen Stil im Geist des Werkbunds und fällt mit ihrer assymetrischen Gliederung sowie ihren zahlreichen architektonischen Details wie Erker, Veranden, Balkonen und Türmchen sofort ins Auge. Hier hat der Fonds für Naturschutz und Wasserwirtschaft (Wojewódzki Fundusz Ochrony Środowiska i Gospodarki Wodnej) seinen Sitz.

Ein Musterbeispiel für den Werkbundstil ist die 1907 von Rudolf Gille errichtete Villa in der ul. Skłodowskiej-Curie.

Der plac Jakuba Wujka ist genauso groß wie die sternförmigen Plätze der Innenstadt. Von ihm gehen jedoch nur kleine, idyllische Straßen ab, deren Häuser sich im Sommer hinter üppigem Grün verbergen. Inmitten des Platzes liegt eine Senke mit einem von Bäumen umgebenen Spielplatz. Um den Platz führt ein Spazierweg, Bänke laden zum Verweilen ein. Der frühere Name Johannesplatz geht auf den Vornamen Johannes Quistorps zurück. Anfangs erhielten die Straßen die Vornamen seiner Verwandtschaft, dann wurden sie nach deutschen Dichtern benannt. Von den stattlichen Villen, die den Platz umgeben, ist die Nummer 6 besonders schön. Sie wurde von 1903 bis 1906 in den Formen des späten Barocks errichtet und ist heute Zentrum für die Unterstützung von Kindern, Jugendlichen und Erwachsenen (Ośrodek Wsparcia Dzieci, Młodzieży i Dorosłych). Unter der Adresse pl. Jakuba Wujka 4 ist ein einfaches Haus mit holzverschaltem Giebel zu finden. Es entstand von 1908 bis 1913 nach Plänen von Rudolph Gille im Werkbundstil für den Kaufmann Paul Eberschultz.

Der Deutsche Werkbund e. V. wurde 1907 auf Initiative der Architekten Hermann Muthesius (1861-1927) und Henry van de Velde (1863-1957) sowie des Reformpolitikers Friedrich Naumann (1860-1919) in München gegründet. Sein Ziel war eine „Ver-edelung der gewerblichen Arbeit im Zusammenwirken von Kunst, Industrie und Handwerk, durch Erziehung, Propaganda und geschlossene Stellungnahme zu einschlägigen Fragen" (Auszug aus der Satzung). Dadurch sollte auch die Wettbewerbsfähigkeit der deutschen Industrie auf dem Weltmarkt verbessert werden. Der Deutsche Werkbund prägte unter anderem den Begriff des Landhauses. Das Landhaus war ursprünglich ein freistehendes Wohnhaus auf dem Land, das von einem Garten umgeben war und Anfang des 19. Jahrhunderts von wohlhabenden Familien als Sommerfrische genutzt wurde. Mit der Eingemeindung der Vororte in die Großstädte entwickelte sich daraus ein Villentypus, der das ländliche Idyll mit städtischem Komfort verband und ganzjährig bewohnt werden konnte. Den repräsentativen Bedürfnissen des wohlhabenden Bürgertums wurde dabei Rechnung getragen. Beispiele für Landhausvillen im Werkbundstil sind unter anderem in der ul. Piotra Skargi (Roonstraße) 17, 18 und 32 sowie in der ul. Monte Cassino (Arndtstraße) 17c zu finden.

Ernst Krause baute diese Jugendstilvilla in der ul. Bałuckiego 1.

Die Villa ul. Michała Bałuckiego (Grillparzerweg) 5 ist ein einfacher kubischer Baukörper mit schmuckloser Fassade. Sie wurde 1912 nach Plänen von Adolf Thesmacher (1880-1948) für den Kaufmann Georg Rohrbeck errichtet. Vom selben Architekten stammt die Villa am pl. Jakuba Wujka 1. Der mit Klinkern verkleidete Würfelbau hat einen Säulenvorbau mit Balkon und entstand in den Jahren 1921 bis 1923. Thesmacher hat in den Stettiner Villenvierteln viel gebaut, vor allem Werkbundvillen. Die Verwendung kubischer Formen und der Verzicht auf Schmuckelemente waren für ihn typisch. Akzente setzte er mit glatten Wandflächen und vollkommenen Proportionen.

Vom pl. Jakuba Wujka geht man weiter durch die ul. Henryka Siemiradzkiego (Stormweg) bis zur ul. Marii Skłodowskiej-Curie (Mörikeweg). Das Gebäude Siemiradzkiego 11 war das Wohnhaus für die Verwaltungsmitarbeiter des damaligen Elektrizitätswerks und der Pumpstation. Etwas weiter in der Straße befinden sich das ehemalige Lehrerinnen-Wohnheim (ul. Siemiradzkiego 9), das von 1903 bis 1904 nach Plänen von Heinrich Hölling entstand, sowie das neugotische Gebäude der Taubstummenanstalt (ul. Siemiradzkiego 2), einer Quistorpschen Stiftung. Es wurde 1904 eingeweiht,

1909 erweitert und ist heute das Gymnasium Nr. 10.

Die Villa ul. Marii Skłodowskiej-Curie 12 baute Adolf Thesmacher 1933 für sich selbst. Im Landhausstil entstanden die Villen 1, 6 und 10. Die Werkbundvilla mit der Hausnummer 5 wurde 1907 von Rudolph Gille für Anna Rüchardt errichtet. Heute befindet sich hier eine Arztpraxis. Das Gebäude ul. Skłodowskiej-Curie 4 entstand 1908 im klassizistischen Stil nach Plänen von Eugène Wechselmann. Hier sind die Hochschule für öffentliche Verwaltung, das schwedische Konsulat und die Gesellschaft für die wirtschaftliche Entwicklung der Gemeinden ansässig. Die ul. Marii Skłodowskiej-Curie kreuzt die ul. Księdza Biskupa Ignacego Krasickiego. Der frühere Gustav-Freytag-Weg ist eine der ältesten Straßen des Villenviertels. Eine Platanenallee. Hier webt Poesie in verwunschenen Gärten und im Blätterdach der alten Alleebäume. Der Verkehr auf der Wojska Polskiego scheint weit weg zu sein, nichts die Harmonie der stillen Straßen zu stören. Genau wie die ul. Marii Skłodowskiej-Curie bildet die ul. Krasickiego eine Seite des Roman Łyczywek-Parks (Schmuckplatz) Die beschauliche Anlage mit gepflegten Wegen, Bänken und einem Spielplatz hat die Form eines Rechtecks und wurde vor ein paar Jahren revitalisiert. Um den Park herum stehen schöne Villen, so in der ul. Krasickiego 10. Hier findet man ein Beispiel für die um 1900 aufgekommene Mode, abwechslungsreich gestaltete Gebäudeformen mit historischen Details und Fachwerkelementen zu verbinden. Der Architekt der Villa Albert Mitzlaff, Heinrich Hölling, gehörte zur jüngeren Generation der Stettiner Architekten. Im Auftrag Martin Quistorps plante er nicht nur dessen Wohnhaus, sondern auch viele öffentliche Gebäude wie das neue Männerkrankenhaus der Fürsorgeanstalt Bethanien und den Pavillion mit Umkleideräumen für die Quistorpschen Tennisplätze an der al. Wojska Polskiego 127. Die kleine schlichte Villa im Schweizerstil mit der Hausnummer 9 entstand 1898 nach Plänen von Emil

Die Villa Solskiego 3 wurde 1902-1903 für den Weingroßhändler Rudolf Krahnstöver erbaut und ist heute Sitz des Fonds für Naturschutz und Wasserwirtschaft.

Diese Villa erinnert an ein englisches Landhaus.

Kunigk. Hier wohnte Emil Stoewer, seinerzeit technischer Direktor der Fahrradfabrik in Zabelsdorf (Niebuszewo). Später zog auch sein Bruder Bernhard hier ein. Anlass dafür war, dass Bernhard Stoewer sen. 1896 in der Nähe ein Areal für eine Automobilfabrik (die späteren Stoewer Werke AG) erworben hatte, die von den beiden Söhnen aufgebaut wurde. Die Werkbundvilla Krasickiego 6 wurde 1907 von Ernst Krause für den Zahnarzt Max Bauchwitz entworfen. Für den Bau wurden, so wie der Werkbund es forderte, traditionelle Materialien verwendet. Die Fassade ist vom Giebel bis zum Parterre mit Schindeln verkleidet, das schwere Dach reicht in fließender Linie fast bis zum Boden. In der Villa hat unter anderem der Siedlungsrat Pogodno seinen Sitz. Vor dem Grundstück mündet die ul. Krasickiego in die ul. Ostrawicka (Liliencronweg), die am Roman-Łyczywek-Park entlang zurück zur al. Wojska Polskiego führt. Kurz vor der Allee steht eine weiße Baracke, die in den 1930er Jahren den Sanitärtrakt der an der Falkenwalder Allee erbauten Wartehalle darstellte. Das Gebäude wurde seit den 1980ern nicht mehr genutzt und verfiel. Nach umfangreichen Aufräum- und Reparaturarbeiten eröffnete hier 2012 das „Biancafe". Man kann drinnen oder auf der Terrasse sitzen und seine Kinder auf dem kleinen Spielplatz im Garten des Cafés herumtollen lassen (Ostrawicka 2).

Wendet man sich auf der al. Wojska Polskiego vom Park ab, steht man vor der Hausnummer 170. Dieses Vierfamilienhaus wurde vermutlich für Quistorps Arbeiter gebaut. Zur Straßenbahnhaltestelle Łękno geht man die Wojska Polskiego am Roman-Łyczywek-Park entlang in Richtung Stadtzentrum. Am Straßenabschnitt zwischen Park und Haltestelle stehen weitere sehenswerte Villen. Die Doppelvilla mit den Hausnummern 166-168 wurde von 1890 bis 1891 im Stil der Neurenaissance für den Tischlermeister F. Gutschmidt errichtet und war eines der ersten Gebäude in Neu-Westend. Die erste Villa in Neu-Westend (Hausnummer 164) wurde 1897 nach Entwürfen von Theodor Bless für Dr. Georg Wegner errichtet. Die Villa ist nach hinten zur ul. Krasickiego zurückversetzt und wurde im neuklassizistischen Stil erbaut. Mit ihrem symmetrischen Grundriß, Säulenportikus und antikem Ziergiebel steht sie in Bezug zu anderen klassizistischen Bauten, die in den 1870er Jahren in Westend entstanden. Sie ist heute Sitz der Vitruvian School Szczecin, einer privaten Grundschule. Die Villa Wojska Polskiego 160 diente vor allem Repräsentationszwecken. Sie entstand in den Jahren 1899 bis 1900 im Stil der deutschen Renaissance für Martin Quistorp und ist heute Sitz der Sanitär-Epidemiologischen Station der Wojewodschaft Westpommern. Von 1901 bis 1902 ließ er sich ein kleineres Haus im Grillparzerweg (ul. Bałuckiego 1) bauen, das einen intimeren Charakter hatte als die traditionelle Villa in der Falkenwalder Straße. Martin Quistorp setzte als jüngster Sohn und Haupterbe Johannes Quistorps dessen soziales Arrangement fort.

Der Zentralfriedhof (Cmentarz Centralny)

Der Zentralfriedhof (Cmentarz Centralny, früher Hauptfriedhof, Ku Słońcu 125A) zählte bis zum Zweiten Weltkrieg zu den Hauptattraktionen Stettins. Seine Anlage war notwendig geworden, da sich die Stadt nach der Entfestung sowohl mit Hinblick auf ihre Fläche als auch auf ihre Einwohnerzahl um ein Vielfaches vergrößert hatte. Das ursprünglich 64 Hektar große Areal wurde von Wilhelm Meyer-Schwartau als Parkfriedhof konzipiert. Die Idee des Parkfriedhofs stammt ursprünglich aus England und wurde zwischen 1830 und 1860 vielfach auch in Nordamerika umgesetzt. Typische Merkmale sind die unregelmäßige Wegführung, gestaltete Hügel und Wasserflächen sowie waldartige Bereiche.

Blick zur Hauptkapelle.

Die Bauarbeiten am Stettiner Hauptfriedhof begannen im Februar 1900, am 6. Dezember 1901 fanden hier die ersten Beerdigungen statt. Charakter und Aussehen des Friedhofs hat der Landschaftsarchitekt und Theoretiker der Friedhofskunst Georg Hannig (1872-1934) entscheidend beeinflusst. Der gebürtige Berliner hatte bei den Gartenkünstlern Hermann Mächtig (1837-1909) und Willi Lange (1864-1941) gelernt und praktiziert. Während seiner Wanderjahre arbeitete er in Stuttgart, auf den ungarischen Besitzungen eines österreichischen Adligen sowie in Leipzig. Seine nächsten Stationen waren unter anderem der Botanische Garten in Berlin-Dahlem, Liegnitz (Legnica), Brügge, Versailles und Metz. Während seiner Zeit als Friedhofsdirektor in Stettin (1900-1928) publizierte er zahlreiche Schriften über Grabmalskunst und den Stettiner Hauptfriedhof. Seine letzten Lebensjahre verbrachte er in der Schweiz.

Das Denkmal derer, die nicht von der See zurückgekehrt sind.

Der Stettiner Zentralfriedhof liegt westlich vom Stadtzentrum, zwischen den Straßen Ku Słońcu im Norden und Mieszko I. im Süden, den Eisenbahngleisen im Osten und Gumieńce (Scheune) im Westen. Von der Altstadt beziehungsweise von der Brama Portowa ist er mit der Straßenbahnlinie 8 zu erreichen. Man betritt ihn durch das monumentale neuromanische Einfahrtstor, das einschließlich der Verwaltungs- und Wirtschaftsgebäude in den Jahren 1901 bis 1903 errichtet wurde. Die Entwürfe stammen von Wilhelm Meyer-Schwartau, der sich hierfür die mittelalterlichen italienischen Friedhöfe mit ihren Kreuzgängen, die „campi sante", zum Vorbild genommen hatte. Das Tor wurde während eines Luftangriffs im September 1941 zerstört. Von 1959 bis 1963 wurde es vereinfacht und ohne Kuppel wieder aufgebaut. Hinter dem Tor befindet sich der älteste Bereich des Friedhofs, der Ostteil mit seinen charakteristischen, in weiten Bögen beiderseits der Hauptachse verlaufenden Alleen. Die Wege sind verschlungen und bilden kleine Kreise und Ovale. Für die Gestaltung des Friedhofs spielten die Gegebenheiten des Terrains und des Grüns ebenso eine Rolle wie die Form der Grabsteine und die Friedhofsarchitektur. Ob Brunnen, Brücken oder Bänke – alles wurde sorgsam gestaltet. Nach dem Zweiten Weltkrieg wurde der Hauptfriedhof in Zentralfriedhof umbenannt und mehrfach erweitert. Seit 1985 steht er unter Denkmalschutz. Heute ist er mit einer Fläche von 168 Hektar und mehr als 300 000 Gräbern der größte Friedhof in Polen und nach Hamburg-Ohlsdorf und Wien der drittgrößte in Europa. Er ist auch einer der schönsten Parks der Stadt. Wer ihn besichtigen möchte, sollte mehrere Stunden dafür einplanen. Am Haupttor beginnen die Historische und die Dendrologische Besichtigungsroute, die beide im östlichen Teil des Friedhofs angelegt wurden und sich stellenweise überschneiden. Der Dendrologische Pfad führt zu interessanten Baumarten, die um die Hauptkapelle, in der Aussichtsallee und in der Rundgangallee wachsen. Auf 32 Übersichtstafeln findet man Informationen in polnischer und deutscher Sprache über Gattung, Gehölzart, Heimat, Auftreten, Erscheinungsbild und Symbolik. Die Vielfalt einheimischer und fremdländischer Bäume und Sträucher auf dem Stettiner Zentralfriedhof beeindruckt nicht nur Botaniker. 2003 wurden hier etwa 440 Arten und Gattungen von Gehölzen erfasst. Die langen Alleen sind mit Linden, Eschen, Birken, Platanen, Ebereschen und Baumhaseln bepflanzt und haben entsprechende Straßennamen.

Die Historische Besichtigungsroute ist mit einem goldfarbenen Pfeil auf einem Granitblock markiert. Sie führt am Soldatenfriedhof vorbei zum ehemaligen Urnenhain, der nach einem Entwurf des Friedhofdirektors Georg Hannig angelegt und in der Nachkriegszeit verwüstet wurde. In den Jahren 2006 bis 2007 entstand an seiner Stelle ein Lapidarium. Hier wurden Grabmale zusammengetragen, die früher an anderen Stellen entfernt worden waren. Das Grabmonument von Oberbürgermeister Hermann Haken und seiner Frau Johanna befindet sich an der Achse der rekonstruierten Brücke, die vom wiederhergestellten Hauptteil des Urnenhains über eine kleine Schlucht führt.

Im Lapidarium wurden erhaltene Grabsteine zusammengetragen.

Die fünfziger und sechziger Jahre waren auch auf dem Zentralfriedhof die Zeit des großen „Aufräumens“. Deutsche Spuren sollten so weit wie möglich getilgt und der Friedhof polonisiert werden. Selbst Grabstätten prominenter deutscher Stettiner wurden eingeebnet und Grabdenkmale von hohem künstlerischem Wert beseitigt. Auch das Doppelgrab Hermann Hakens und seiner Frau Johanna wurde dem Erdboden gleichgemacht. An seiner Stelle entstanden neue Gräber, jedoch in anderer Anordnung. Das Grabmal blieb nur deshalb stehen, weil es wie einige andere auch zu schwer war, um es wegzuschaffen. Allerdings verschwanden nach dem Krieg sowohl die Inschriften als auch die Büsten der Toten. Im Jahr 2003 wurde der Verein für den Zentralfriedhof in Stettin gegründet, dessen Hauptanliegen der Schutz und die Förderung der historischen Anlage sind. Im selben Jahr wurden das gusseiserne Kreuz auf dem ehemaligen Soldatenfriedhof und das Grabmal Wilhelm Meyer-Schwartaus instandgesetzt. Im Rahmen der Wiederherstellung der alten Anlage wurden Wegenetz und Grün rekonstruiert, erhaltene Grabsteine wieder aufgestellt und manche renoviert. Der Verein setzte sich auch für die Rekonstruktion des Grabmonuments von Hermann Haken, der die Geschicke der Stadt zur Zeit ihrer größten Prosperität lenkte, ein. Da das Grab Hakens durch neue Bestattungen zerstört worden war, konnte eine Exhuminierung nicht durchgeführt werden. Hinzu kam, dass das große Steinmonument zwischen neueren Grabsteinen ein-

Das Grabmal Hermann Hakens und seiner Frau Johanna wurde von Prof. Ludwig Manzel geschaffen.

gezwängt war. Folglich wurde es an einen anderen Ort versetzt. Mit Spendengeldern aus Deutschland konnten die Büsten der Verstorbenen rekonstruiert werden, jedoch nicht aus Metall, sondern aus Edelbeton. Den Auftrag dazu erhielt die Stettiner Bildhauerin Monika Szpener. Im Frühjahr 2007 wurden die Büsten in der Nische des Denkmals aufgestellt. Wenig später, im Mai desselben Jahres, fand die nochmalige symbolische Bestattung von Hermann und Johanna Haken statt. In Verbindung damit wurde auch das Lapidarium eingeweiht.

Hermann Haken wurde am 5. Mai 1828 in Köslin (Koszalin) als Sohn des Oberpostsekretärs Carl Haken geboren. Nach dem Besuch des Kösliner Gymnasiums studierte er in Greifswald und Berlin Rechtswissenschaft. 1850 wurde er Referendar am Appellationsgericht seiner Heimatstadt. Sieben Jahre später heiratete er die Kösliner Bauratstochter Johanna Püschel, mit der er vierundfünfzig harmonische und glückliche Ehejahre verbringen sollte. 1867 wurde Hermann Haken Bürgermeister in Kolberg (Kołobrzeg), wo er unter anderem als ehrenamtlicher Badedirektor fungierte. Am 2. Januar 1878 trat er sein Amt als Oberbürgermeister von Stettin an. Zu Beginn seiner zweiten Amtsperiode waren ihm der Ausbau der Hafenanlagen, der Erwerb von Gelände für Grünanlagen sowie die Verschönerung der Umgebung des Neuen Rathauses besonders wichtig. In Verhandlungen über den Kauf des Festungsgeländes durch die Stadt gelang es ihm, das Territorium des ehemaligen Forts Leopold in städtischen Besitz zu bringen. Hier entstand ab 1904 nach den Plänen des Architekten Wilhelm Meyer-Schwartau jene eindrucksvolle Anlage, die als Hakenterrasse bekannt wurde. Persönlichen Anteil nahm er an der Enthüllung mehrerer Denkmale sowie des „Manzelbrunnens". Unter seiner Amtszeit erwarb die Stadt Stettin die beiden barocken Festungstore, um sie als historische Bauwerke zu erhalten. Haken setzte sich auch für die Erweiterung der Stadtgrenzen ein. So entstanden die Neustadt (Śródmieście) und an ihrer Peripherie weitere Stadtbezirke, darunter Pommerensdorf (Pomorzany), Altdamm-Torney (Turzyn) und Westend (Łękno). Auf Initiative Hakens wurden das Stadttheater, die erste öffentliche Bibliothek sowie die Grabower Anlagen (heute Żeromski-Park) errichtet. Haken gehörte auch zu den Initiatoren des Baus des Großschifffahrtsweges Berlin-Stettin, von dem er sich für die Stadt wesentliche wirtschaftliche Impulse versprach. Anlässlich seines fünfzigjährigen Beamtenjubiläums im Jahr 1900 setzte die Stadtverordnetenversammlung 30 000 Mark als „Oberbürgermeister-Haken-Stiftung für Zwecke der Kunst" aus, mit Verfügungsrecht auf Lebenszeit. In seinen letzten Amtsjahren und nach seiner Pensionierung kümmerte sich Haken um Erhalt und Erweiterung der graphischen Sammlung, die Heinrich Stolting 1884 der Stadt vermacht hatte. Im Jahre 1907 gab Haken einen Katalog zu dieser Sammlung heraus, das Vorwort hatte er selbst geschrieben. Als Dr. jur. h. c. Hermann Haken am 31. März 1907 in den Ruhestand trat, hinterließ er eine moderne Großstadt. Als Dank erhielt er nicht nur den Ehrenbürgertitel der Stadt Stettin, sondern auch weiterhin sein volles Gehalt als Ruhestandsgeld. Er verstarb am 16. Juli 1916 in Wilmersdorf bei Berlin. Vier Tage später wurde er auf dem Hauptfriedhof in Stettin beigesetzt, dessen Anlage ebenfalls auf seine Initiative zurückgeht.

Die Historische Besichtigungsroute verläuft weiter durch eine Senke, in der ein großes Wasserbecken mit Springbrunnen angelegt wurde, in Richtung Hauptkapelle. Auf einem angedeuteten flachen Grabhügel steht an der Allee nahe der Kapelle die Skulptur „Mutter Erde" von Ernst Barlach (1870-1938). Von Dr. Richard Biesel in Auftrag gegeben, befand sich das in Muschelkalk ausgeführte Original ab 1921 auf der Ruhestätte seiner Familie. Die für Barlach typische kompakte Figur einer sitzenden Frau symbolisiert mit ihrem geöffneten Schoss den Ursprung des Lebens und die Rückkehr des Toten in die Erde. Als die Skulptur Anfang der sechziger Jahre auf dem alten Teil des Friedhofs wiedergefunden wurde, war sie fast unversehrt. 1964 wurde sie nach Güstrow gebracht, wo sie auf dem Gertrudenfriedhof ihren Platz gefunden hat. Eine von Monika Szpener in Steinguss gefertigte Kopie wurde anlässlich des 90. Jahrestages von „Mutter Erde" im November 2011 auf dem Stettiner Zentralfriedhof enthüllt.

Kopie der „Mutter Erde" von Ernst Barlach.

Einen wichtigen Impuls bei der Verwirklichung moderner ästhetischer Gestaltungsprinzipien setzte die Ausstellung der Friedhofskunst 1911 in Stettin. Nach dem Ende der Ausstellung ließ Georg Hanning einen Musterfriedhof mit Grabstein- und Bepflanzungsbeispielen anlegen. Die hier propagierten Prinzipien wurden 1912 in einer Friedhofsordnung festgelegt, die unter anderem die Grabfelder-, Grabstätten- und Grabsteinformen regelte. Größe und Form eines Grabmals hingen von dem Grabfeld ab, auf welchem es stehen sollte. Übereinstimmend mit den Reformideen des Kunsthandwerks sollten die Grabsteine individuell aus natürlichen Materialien wie Muschelkalk, Sandstein und rauem Granit gefertigt werden. Untersagt waren polierter Marmor und polierter Granit. Viele Grabmale stammten von bekannten Künstlern wie Kurt Schwerdtfeger und August Waterbeck, andere aus der Stettiner Werkstatt Dahl und Lederer. Etliche Grabsteine des Musterfriedhofs blieben bis heute erhalten. Das Grabfeld befindet sich hinter der Hauptkapelle und ist eine Station der Historischen Besichtigungsroute.

Die neuromanische Kapelle, die durch einen unterirdischen Gang mit der Leichenhalle verbunden war, wurde von 1900 bis 1902 nach Entwürfen Meyer-Schwartaus errichtet. Ihre Vorderansicht ist den Grabkirchen der christlichen Märtyrer und Heiligen nachempfunden. Vor der Kapelle beginnt die Hauptachse, die über drei weiträumige Terrassen den alten mit dem neuen Teil des Friedhofs verbindet, der nach 1918 in westliche Richtung entstand. Sowohl der schmale Mittelteil mit der Pappelallee (heute Aussichtsallee, aleja Widokowa) als auch der Westteil mit den vertikal zur Hauptachse angelegten Alleen gehen auf einen Entwurf von Georg Hannig und seiner Mitarbeiterin Luise Lotte Hoyer zurück. Am Ende der Pappelallee, an ihrem niedrigsten Punkt, entstand ein dreiteiliges Wasserbecken. Hier fließt das Stille Wassers (Cicha Woda) durch ein malerisches Tal. Etwas weiter verläuft parallel dazu ein weiteres Tal mit dem Hellen Wasser (Jasna Woda). Die einzelnen Friedhofsareale wurden individuell geplant, die Grabfelder in verschiedene Kategorien eingeteilt.

Nach dem Zweiten Weltkrieg fanden auf den Terrassen entlang der Hauptachse 3000 sowjetische Soldaten und Zivilpersonen sowie 367 polnische Soldaten, die im Frühjahr 1945 in Hinterpommern und Brandenburg gefallen sind, ihre letzte Ruhestätte. Die Hauptallee des Kriegsfriedhofs wird vom Denkmal der Waffenbrüderschaft abgeschlossen, das nach einem Entwurf des Stettiner Bildhauers Sławomir Lewiński entstand und im Oktober 1967 enthüllt wurde.

Denkmal für die deutschen Soldaten des 357. Infanterie-Regiments, die während des Ersten Weltkriegs gefallen sind. Der steinerne Adler ist eine Kopie seines 1945 zerstörten Vorgängers.

In den letzten Jahrzehnten des vergangenen Jahrhunderts wurden auf dem Zentralfriedhof noch mehrere andere Denkmäler aufgestellt: das Ehrenmal für die auf See Vermissten entstand 1989 nach einem Entwurf von Małgorzata Schubert-Radnicka und Maciej Radnicki. 1990 folgte das „Katyń-Kreuz" von Jakub Lewiński, 1994 das Ehrenmal für die nach Sibirien Verbannten von Krzysztof Adamiec und Joanna Haśnik-Adamiec. 2004 entstanden das Ehrenmal für die Heimatarmee (AK) von Maciej Prauziński und das Ehrenmal für die KZ-Opfer von Kazimierz Stachowiak. Die Historische Besichtigungsroute führt daran vorbei und endet am Grabfeld der Kriegsveteranen in der Nähe des Haupteingangs. Das Denkmal im Hintergrund wurde 1995 von Jakub Lewiński und Zbigniew Szymaniak errichtet.

Kreuz zum Gedenken an die Opfer von Katyń.

Denkmal der Waffenbrüderschaft.

Ausflüge ins Stettiner Umland

Dolina Miłości (Tal der Liebe)

Eine malerische Landschaft und eine romantische Geschichte, das ist das Tal der Liebe. Ein naturalistischer Landschaftspark, der etwa 80 Hektar umfasst und zwischen Krajnik Dolny (Niederkränig), Krajnik Górny (Hohenkränig) und Zatoń Dolna (Niedersaathen) liegt. Der Grenzübergang nach Schwedt/Oder befindet sich in unmittelbarer Nähe, nach Stettin sind es 62 Kilometer. Im Gutshaus von Niedersaathen lebte im 19. Jahrhundert die Hugenottenfamilie von Humbert. Als der Landrat Charles Philippe von Humbert einmal für längere Zeit abwesend war, bereitete ihm seine Ehefrau Anna Sophie (1798-1860) eine Überraschung: Sie holte Gärtner herbei und ließ die mit Buchen bewaldeten Saathener Berge in einen Landschaftspark verwandeln. Bei der Eröffnungsfeier im Jahr 1850 soll zwischen zwei Buchen ein Transparent mit der Aufschrift „Willkommen im Tale, das die Liebe schuf!" gehangen haben. So wurde aus dem amtlichen Namen Saathener Berge das „Tal der Liebe". Anna Sophie Humbert wollte den natürlichen Charakter der Landschaft erhalten. Sie ließ nur heimische Gehölze anpflanzen und band auch die vorhandenen Wasserläufe in die Gestaltung mit ein. Humberts Nachfahren setzten ihr Werk fort, stellten Skulpturen und Gedenksteine auf. Bis zum Zweiten Weltkrieg war der Park ein beliebtes Ausflugsziel, es gab hier Lokale und ein Kaffeehaus am Oderufer. Nach dem Krieg lag das Areal im Grenzgebiet. Es durfte nicht mehr betreten werden und verwilderte. Seit Frühjahr 2010 wird der Park durch den Verein Gaja mit Fördermitteln der Europäischen Union wieder instandgesetzt. Rund 14 Kilometer verschlungene Wanderwege führen durch die Hügelkette mit ihren steil zur Oder abfallenden Hängen, durch Schluchten und Täler mit alten Bäumen bis hin zu den Ausssichtspunkten, die kilometerweite Blicke ins Odertal bieten. In den ausgetrockneten Goldfischteichen ist wieder Wasser, daneben wachen die Kopien von Venus und Apoll alias Adam und Eva. Der Park, in großen Teilen naturbelassen, ist Lebensraum vieler seltener Pflanzen-, Pilz- und Tierarten.

Gryfino (Greifenhagen)

Imposant ist die romanische Pfarrkirche Mariä Geburt (Kościół Narodzenia Najświętszej Marii Panny), die Ende des 14., Anfang des 15. Jahrhunderts im gotischen Stil umgebaut wurde. Die ursprünglich dem heiligen Nikolai, dem Schutzpatron der Kaufleute und Reisenden geweihte Kirche ist eines der größten Bauwerke dieser Art in Westpommern und besitzt eine wertvolle Ausstattung aus der Renaissancezeit.
Gryfino ist ein idealer Ausgangspunkt für Ausflüge in den 1993 geschaffenen Landschaftspark Unteres Odertal (6009 Hektar), der sich zwischen zwei Oderarmen erstreckt. Die Auenlandschaft ist ein Schutzgebiet für Vögel sowie für seltene Sumpf- und Wasserpflanzen. Wenige Kilometer südwestlich von Greifenhagen wurde in den 1970er Jahren das Wärmekraftwerk Dolna Odra errichtet, dessen Schornstein weithin sichtbar ist. In unmittelbarer Nähe befindet sich der Krumme Wald (Krzywy Las), ein Naturdenkmal besonderer Art. Von den ursprünglich 400 deformierten Kiefern stehen heute noch etwa 100. Die Bäume sind etwa 40 Zentimeter über dem Erdboden um 90 Grad gekrümmt. Die Krümmung misst ein bis drei Meter, danach wachsen die Bäume wieder nach oben. Zu den Ursachen dieses Phänomens gibt es zahlreiche Spekulationen und Mythen. Die am meisten verbreitete Theorie besagt, dass die Bäume absichtlich so geformt wurden, um sie für die Möbelproduktion zu nutzen.

Jezioro Smaragdowe (Smaragdsee, früher Herthasee)

Wäre nicht an einem Sommertag des Jahres 1925 bei Bergbauarbeiten plötzlich Wasser in die Mergelgrube eingedrungen, gäbe es den Smaragdsee heute nicht. Als das Unglück geschah, war die Grube schnell überflutet. Der dadurch entstandene See ist viereinhalb Hektar groß und bis zu 20 Meter tief. Auf seinem Grund sollen noch Maschinen und Gerät aus der Grube lagern. Angeblich hauste hier ein habgieriger Geist, der seine Schätze unter der Erde versteckte. Wenn sie ein Bergmann bei seiner Arbeit entdeckte, überflutete er alles mit Wasser. Der See selbst ist von steilen Hängen umgeben, die bis zu 50 Meter hoch sind. Mitte der 1990er Jahre wurden Maßnahmen ergriffen, um ein weiteres Abrutschen von Erdmassen zu verhindern und den See touristisch zu erschließen. Die hiesige Kreide- und Mergelmine wurde 1862 gegründet und belieferte das nahe gelegene Zementwerk Stern, in dem der hochwertige Portlandzement hergestellt wurde. Der Sohn des ersten Eigentümers des Zementwerks, Albert Eduard Toepfer, erweiterte die Fabrikation um Dachziegel und Pflastersteine. Um für seinen Zement zu werben, ließ er eine Zementgrotte mit zwei Zementbögen davor errichten und darauf einen Pavillon setzen. Die Grotte wurde zum beliebten Ausflugsziel. Im Pavillon spielten die Musiker, auf dem Platz vor der Grotte wurde getanzt. Die Grotte und einen der Bögen gibt es noch, auch die Brücke der Grubenbahn und einige Ruinen. An die luxuriöse Villa, die sich Helmut Toepfer nahe der Grotte errichten ließ, erinnern nur noch die Überreste des Tores. Der Smaragdsee liegt im Waldpark Zdroje (Finkenwerder). In diesem Landschaftspark kommen über 60 Arten geschützter und seltener Pflanzen vor, mehrere Bereiche wurden als Naturschutzgebiete ausgewiesen. Um den See und durch die angrenzende Puszcza Bukowa (Buchheide) führen viele gut markierte Wanderwege.

Kamień Pomorski (Cammin in Pommern)

Der Kurort liegt 45 Kilometer nördlich von Stettin am Camminer Bodden (Zalew Kamieński) und ist vor allem durch seine romanisch-gotische Kathedrale Sankt Johannes des Täufers (Konkatedra św. Jana Chrzciciela) bekannt, die im Deutschen meist als Dom zu Cammin bezeichnet wird. Sie ist neben der Jakobikathedrale in Stettin eine der beiden Kathedralkirchen des Erzbistums Stettin-Cammin. Errichtet wurde sie als dreischiffige Backsteinbasilika. Das Hauptschiff wird von 16 Meter hohen Säulen gestützt, mittelalterliche Blumenmotive schmücken die Gewölbe. Die Wandmalereien im Chor stammen aus dem 13. Jahrhundert und stellen Szenen aus dem Paradies dar. Sehenswert sind der Hauptaltar aus dem 15. Jahrhundert, die in den Wänden befindlichen mittelalterlichen Tabernakel und die barocke Kanzel. Der Chor wird durch ein barockes Gitter vom Querschiff getrennt. Im nördlichen Querschiff steht das Taufbecken, das von einem prächtigen Gitter aus dem Jahr 1685 umgeben ist. Im Presbyterium hängen zwei Gemälde von Lucas Cranach d. Ä. aus dem 16. Jahrhundert. Auch Rembrandt van Rijn ist mit „Christus vor Pilatus" im Dom vertreten. Die Orgel auf der Westempore ist eine Nachbildung der Orgel von Michael Berigel (auch Beriegel, um 1630-1687/1693) aus dem Jahr 1672. Władysław Cepka hat sie von 2003 bis 2004 rekonstruiert. Sie hat 44 Pfeifen und drei Manuale. Von der alten Orgel sind der Barockprospekt und einige kleinere Teile erhalten geblieben. Jedes Jahr im Sommer wird im Dom zu Cammin das Internationale Festival der Orgel- und Kammermusik ausgetragen, das älteste in Westpommern und eines der ältesten in Polen (Międzynarodowy Festiwal Muzyki Organowej i Kameralnej w Kamieniu Pomorskim). Eine architektonische Besonderheit des Doms ist der Kreuzgang, in den man vom nördlichen Seitenschiff über eine schmale Treppe gelangt. Er ist der einzige teilweise erhaltene gotische Kreuzgang in Pommern und umfasst einen lauschigen Garten mit alten Bäumen. Außer dem Dom sind in Kamień Pomorski das spätgotische Arkaden-Rathaus, das Wolliner Tor (Brama Wolińska) aus dem 14. Jahrhundert sowie das Regionalmuseum (Muzeum Historii Ziemi Kamieński, Adama Mickiewicza 34) sehenswert. Im Sommer verkehren von Kamień Pomorski Ausflugsschiffe in das zwischen Bodden und Ostsee gelegene Dziwnów (Berg Dievenow).

Nowe Warpno (Neuwarp)

Wer es ruhig und beschaulich mag, auf den Trubel von Seebad und Großstadt verzichten kann und gern Urlaub im Ferienhaus macht, wird Nowe Warpno ganz besonders schätzen. Das ehemalige Fischer- und Handelsstädtchen liegt 43 Kilometer von Stettin entfernt auf einer schmalen Halbinsel zwischen dem Stettiner Haff (Zalew Szczeciński) und dem Neuwarper See (Jezioro Nowowarpieńskie), direkt an der polnisch-deutschen Landesgrenze. Die idyllische Altstadt mit ihren alten Häusern wurde liebevoll saniert, Plätze und Wege neu gestaltet. Die spätgotische Kirche Sankt Mariä Himmelfahrt (Kościół Wniebowzięcia Najświętszej Maryi Panny) ist ein Backsteinbau mit Chor und Turm, das Rathaus ein schmucker Fachwerkbau aus dem Jahr 1697. Nowe Warpno verfügt über einen kleinen Hafen, einen Yachthafen sowie einen modernen Campingplatz mit Marina.

Auf dem Rathausplatz steht die lebensgroße Bronzefigur des Malers Hans Hartig, der 1927 Ehrenbürger der Stadt wurde. Hans Hartig war zu Beginn des 20. Jahrhunderts ein beliebter deutscher Landschaftsmaler. Der am 6. Oktober 1873 in Carvin (Karwino) geborene Pastorensohn begann mit neun Jahren zu zeichnen. Später studierte er an der Königlichen Akademie der Künste in

Berlin bei Paul Vorgang Malerei. Im Frühling 1900 wurde er in die Meisterklasse Eugen Brachts aufgenommen. Die Sommermonate verbrachte Hans Hartig in der Umgebung von Gartz, wo er in der Alten Försterei wohnte und die Oder malte. Das Bild „Odertal" brachte ihm während der Großen Berliner Kunstausstellung 1901 einen Riesenerfolg. Es hing mit den Werken Brachts und anderer bekannter Maler in einem Saal und wurde gleich am ersten Tag der Ausstellung von der Berliner Nationalgalerie erworben. Als Eugen Bracht 1902 die Dresdener Meisterklasse übernahm, folgte ihm Hans Hartig nach Dresden. Seine Arbeiten wurden vom renommierten Dresdener Kunstsalon Emil Richter angekauft, und für sein Bild „Der letzte Gast", das die Herbststimmung in einem verlassenen Gartenrestaurant bei Gartz wiedergibt, wurde ihm anlässlich einer Ausstellung der Dresdener Akademie die Große Silberne Medaille verliehen.

1906 beendete Hans Hartig sein Studium und kehrte nach Berlin zurück. Er beschäftigte sich nun mit den Ansichten pommerscher Städte und ihrer mittelalterlichen Stadttore, nahm an den Ausstellungen der Berliner Secession teil und präsentierte 1909 seinen „Winterhafen" auf der Ausstellung deutscher Kunst in New York. Ein Jahr später wurde ihm auf der Großen Berliner Kunstausstellung für seine Bilder „Sommerabend" und „Garten am Meer" der Julius-Helfft-Preis verliehen. 1911 nahm Hans Hartig an der Internationalen Kunstausstellung in Rom teil, 1912 gewann er die Ausschreibung der Preußischen Staatsbahn für die künstlerische Ausgestaltung der Eisenbahnabteile. Hartigs wachsende Popularität trieb die Preise seiner Arbeiten in die Höhe. Was nur wenigen Künstlern gelang – er wurde wohlhabend und sorgte für einen hohen Lebensstandard seiner Eltern und Schwestern.

Oft besuchte Hans Hartig das Dorf Carnitz (Karnice) bei Cammin (Kamień Pomorski), wo sein Schulfreund Justus Scheibert

Pastor war. Auf einem Ausflug, den er von dort aus unternahm, entdeckte er Neuwarp, das ab 1913 sein Lieblingsort wurde. In dem abgelegenen Städtchen, das nach drei Seiten hin von Wasser umgeben war, fühlte er sich in seinem Element. Für seine „Alte Werft" erhielt er auf der Großen Berliner Kunstausstellung von 1914 die Goldene Staatsmedaille für Kunst, die ihm der Kaiser persönlich überreichte. Im selben Jahr repräsentierte er Deutschland auf der 11. Biennale in Venedig. Das dortige Museum für Gegenwartskunst erwarb sein Bild „Tauwetter". Sein nächster Triumph war die Große Düsseldorfer Ausstellung von 1918.

Zur Zeit der Weimarer Republik malte Hans Hartig viele Stadt- und Hafenansichten. Aus seinem Berliner Atelier beobachtete er das Großstadttreiben, auch Hamburg und Stettin inspirierten ihn. Seine schon vor dem Krieg nach Stettin geknüpften Kontakte – er hatte an einer Stettiner Ausstellung des Pommerschen Vereins für Kunst und Kunstgewerbe teilgenommen und war Mitbegründer des Pommerschen Künstlerbundes – wurden ab 1916 noch enger. In Stettin wohnte er gewöhnlich im Hotel Timm, von dem aus die malerischen Altstadtwinkel und der Hafen schnell zu erreichen waren. Als in seinen letzten Lebensjahren sein Herzleiden zunahm, malte er nur noch kleinformatige Bilder, illustrierte Bücher und Zeitschriften. Er starb am 14. Februar 1936. Einige Monate später veranstaltete das Städtische Museum Stettin eine Retrospektive seiner Arbeiten.

Stargard (Stargard in Pommern)

Stargard liegt 43 Kilometer südöstlich von Stettin an der Europäischen Route der Backsteingotik. Liebhaber mittelalterlicher Bauten kommen hier auf ihre Kosten. Die erstmals 1124 urkundlich erwähnte Stadt erlebte als Mitglied der Hanse ihre wirtschaftliche Blüte. Im 19. Jahrhundert siedelten sich hier zahlreiche Industriebetriebe an. Obschon Stargard am Ende des Zweiten Weltkriegs zu 70 Prozent zerstört war, befindet sich hier eine vortreffliche Ansammlung gotischer Baudenkmäler. Die Sankt-Marien-Stiftskirche (Kolegiata Najświętszej Marii Panny Królowej Świata) ist UNESCO-Weltkulturerbe, und das gotische Rathaus zählt zu den wichtigsten Baudenkmälern seiner Zeit in Westpommern. Nebenan befindet sich im barocken Zeughaus das Archäologisch-Historische Museum Stargard (Muzeum Archeologiczno-Historyczne w Stargardzie, Rynek Staromiejski 2-4). Fast vollständig erhalten sind die mittelalterlichen Wehranlagen mit ihren Türmen und Stadttoren aus dem 13. bis 16. Jahrhundert.

Świnoujście (Swinemünde)

Von Stettin schnell an die Ostsee? Kein Problem, denn bis nach Swinemünde sind es nur 100 Kilometer. Der beliebte Kur- und Badeort liegt auf einem Archipel aus 44 Inseln, direkt an der Grenze zu Deutschland. Wegen des milden Reizklimas, der Solequellen und Moorbäder kamen bereits im 19. Jahrhundert die ersten Kurgäste. Theodor Fontane (1819-1898), der fünf Jahre seiner Kindheit in Swinemünde verbracht hat, machte die Stadt unter dem Namen Kessin zum zentralen Handlungsort seines Romans „Effi Briest“. Das Werk wurde in sechs Folgen in der Deutschen Rundschau abgedruckt, bevor es 1896 als Buch erschien. In den letzten Jahren hat Swinemünde deutlich an Flair gewonnen. Hier gibt es den längsten Sandstrand Polens, eine attraktive Promenade, viele Grünanlagen und einen angenehmen Mix aus Altem und Neuen. Sehenswert sind die preußischen Wehranlagen aus dem 19. Jahrhundert mit ihren drei Forts: die Engelsburg (Fort Anioła) und die Westbatterie (Fort Zachodni) befinden sich auf der Insel Usedom (Uznam), während Fort Gerhard (Fort Gerharda) auf der Insel Wollin (Wolin) liegt. Alle drei Forts können besichtigt werden. Im Ortsteil Chorzelin (Osternothafen) auf Wollin steht auch der 170 Jahre alte Leuchtturm. Mit 65 Metern ist er der höchste an der Ostsee. 308 Stufen führen hinauf zum Lampenhaus. Bei klarem Wetter beträgt die Sichtweite 46 Kilometer. Seit Sommer 2023 verbindet der Swinetunnel die Insel Usedom und die Stadt Swinemünde mit der Nachbarinsel Wollin. Vom Überseehafen aus verkehren regelmäßig Fähren nach Ystad bzw. Trelleborg in Schweden.

Winnica Turnau (Weingut Turnau)

Ein Geheimtipp ist das Weingut Turnau in Baniewice (Marienthal), 56 Kilometer südlich von Stettin. 2010 begann die Bepflanzung zweier Flächen von insgesamt 28 Hektar. Hier wachsen Reben der Sorten Solaris, Johanniter, Riesling, Hibernal, Seyval Blanc, Rondo, Regent und Cabernet. Im renovierten Wirtschaftsgebäude aus dem 19. Jahrhundert befinden sich Kellerei und Büros, ein Verkostungs- und Konzertsaal sowie eine Vinothek. Das ganze Jahr über finden hier zahlreiche Veranstaltungen statt. Für Besichtigungen wird empfohlen, im voraus einen Termin zu vereinbaren. Die zweieinhalbstündige Tour umfasst einen Spaziergang über das Weingut, den Besuch der Kellerei sowie die Verkostung von vier Weinen. Für längere Aufenthalte steht ein Gästehaus zur Verfügung (Winnica Turnau, Baniewice 115).

Woliński Park Narodowy (Nationalpark Wolin)

Auf der Insel Wollin wurde 1960 der Nationalpark Wolin (Woliński Park Narodowy) geschaffen, dessen Gesamtfläche heute 10 937 Hektar umfasst. Die bis zu 93 Meter hohe Steilküste mit dem Aussichtspunkt Gosenberg (Gosań), Buchenwäldern und Eiszeitseen bilden eine malerische Landschaft. Viele seltene Pflanzen und Tiere sind hier beheimatet. Eine der Touristenattraktionen ist das 18 Hektar große Wisentreservat mit Beobachtungsturm. In Misdroj (Międzyzdroje) befindet sich das Verwaltungsgebäude des Nationalparks mit einem Museums- und Umweltbildungszentrum (Muzeum Przyrodnicze Wolińskiego Parku Narodowego, Niepodległości 3). Misdroj ist ein bekanntes Ostseebad mit Strandpromenade und teilweise erhaltener Bäderarchitektur. Die Mole ist mit 395 Metern die längste in Polen. Von hier verkehren die Ausflugsschiffe nach Swinemünde und in die Kaiserbäder auf Usedom.

Quellen und Literatur

Bemmann, Helga: Kurt Tucholsky, Frankfurt/M., Berlin 1994.

Białecki, Tadeusz (Red.): Encyklopedia Szczecina, Szczecin 2015.

Dmochowsky, Bogusław; Sobczyk, Mirosław (Red.), Słomiński, Maciej (Text): Szczecin. Polski-English-Deutsch, Szczecin 2000.

Gutsche, Edda: Er prägte das Stadtbild Stettins – Hermann Haken, in: *POMMERN Zeitschrift für Kultur und Geschichte,* Heft 3/2011, 49. Jahrgang, S. 37-38.

Gutsche, Edda: Drei Künstlerfreunde malten in Neuendorf – Alfred Meister, Frida Lutz und Paula Riezler, in: *POMMERN Zeitschrift für Kultur und Geschichte*, Heft 4/2016, 54. Jahrgang, S. 38-41.

Gutsche, Edda: „Vorgeboren" im ungeliebten Stettin. Dem Arzt und Schriftsteller Alfred Döblin zum 60. Todestag, in: *POMMERN Zeitschrift für Kultur und Geschichte*, Heft 2/2017, 55. Jahrgang, S. 47-49.

Gutsche, Edda: Von der Oder an die Newa: Die Zarin Maria Fjodorowna, in: *POMMERN Zeitschrift für Kultur und Geschichte,* Heft 1/2017, 55. Jahrgang, S. 32-35.

Gutsche, Edda: Kindheit im Zeichen des Orions. Kurt Tucholsky und Stettin, in: *POMMERN Zeitschrift für Kultur und Geschichte,* Heft 1/2020, 59. Jahrgang; S. 48-50.

Gutsche, Edda: Mit Ausblick auf Park und See. Zu Gast in Schlössern und Herrenhäusern Hinterpommerns und der Kaschubei, Elmenhorst 2018.

Gutsche, Edda: Znad Odry nad Newą. Caryca Maria Fiodorowna / Von der Oder an die Newa. Die Zarin Maria Fjodorowna, in: *TRZEBIATÓW – spotkania pomorskie 2017*, Trzebiatów 2018.

Kalita-Swirzyńska, Kazimiera; Kus, Eugeniusz; Makowska, Beata; Pawlicki, Zdzisław; Prync-Pomerencke, Ewa: Zamki i rezydencje na Pomorzu / Schlösser und Herrenhäuser in Pommern, Szczecin 2006.

Lemcke, Hugo: Die Bau- und Kunstdenkmäler des Regierungsbezirks Stettin, Heft XIV, Abteilung I: Das Königliche Schloss in Stettin, Stettin 1909.

Kosacki, Jerzy M.; Kucharski, Bogdan: Pomorze Zachodnie. Przewodnik po miejscach ładnych i ciekawych, Poznań 2005.

Kozińska, Bogdana; Słomiński, Maciej; Solecki, Grzegorz: Szczecin. Praktyczny Przewodnik Turystyczny, Szczecin 2010.

Lipczuk, Ryszard: Carl Loewe in Stettin 1820-1866, https://lipczuk.univ.szczecin.pl.

Łopuch, Maria: Szczecin Pogodno. Von Westend bis Schönau, Szczecin 2010.

Nerdinger, Winfried (Hg.): 100 Jahre Deutscher Werkbund 1907-2007, München 2007.

Schimmelpfennig, Dr. Lothar von: Der Feuerwerker Cornelius von Wallrave, in: MITTEILUNGEN, *Bund Deutscher Feuerwerker und Wehrtechniker e. V.*, Hof 2022.

Słomiński, Maciej (Red.): Ogromny park pochwał umarłych… Cmentarz Centralny w Szczecinie, Szczecin 2005.

Völker, Ernst: Stettin – Daten und Bilder zur Stadtgeschichte, Leer 1986.

Zarin Katharina II: Memoiren der Kaiserin Katharina II.: von ihr selbst geschrieben, Hannover 1859.

https://encyklopedia.szczecin.pl

https://kulturstiftung.org/zeitstrahl/23-9-1898-eroeffnung-des-stettiner-freihafens-und-die-enthuellung-des-manzel-brunnens

https://www.msrgryfia.pl/

https://www.paih.gov.pl/strefa_inwestora/parki_przemyslowe_i_technologiczne/szczecin_pp

https://www.port.szczecin.pl

http://www.quistorp.de

http://www.sedina.pl

http://www.stettin-erleben.de/

https://www.szczecin.naszemiasto.pl

https://www.visitszczecin.eu

Über die Autorin

Edda Gutsche hat zahlreiche Bücher, Buchbeiträge und Artikel zu kulturhistorischen und landeskundlichen Themen geschrieben und sich dabei insbesondere mit Pommern und der Mark Brandenburg beschäftigt. Aus ihrer Feder stammen auch Erzählungen, Kurzgeschichten und Gedichte, die in Anthologien, Literaturzeitschriften und Einzelbänden veröffentlicht wurden. In der Edition Pommern ist 2018 ihr Buch „Mit Ausblick auf Park und See. Zu Gast in Schlössern und Herrenhäusern Hinterpommerns und der Kaschubei"erschienen. 2021 folgte „O Land der dunklen Haine... Eine literarische Reise durch Rügen, Hiddensee und Stralsund".

Edda Gutsche ist autorisierte Gästeführerin u.a. für Westpommern und begleitet besonders gern Reisen und Ausflüge zu den Themen ihrer Bücher.